CONTEMPORARY
ECONOMICS

コンテンポラリー 経済学入門

小淵洋一・大水善寛
編著

柳下正和・江良　亮
庭田文近・川端実美
著

中央経済社

はしがき

　21世紀になって10数年が過ぎ，経済社会は大きく変化してきている。特に，グローバル化と情報化の急速な進展は，私たちの生活を変化させている。また，国内的には少子高齢化の急速な進展は，経済社会を変えようとしている。

　経済学において，経済成長の必然性やその望ましさに対して疑問が持たれて以来，公害や福祉問題にも注意が払われるようになって半世紀あまりになるが，公害問題は依然地球規模で深刻であり，また日本では高齢化が急速に進展し福祉問題が一層重要な問題となっている。

　本書は，そのような変わりゆく経済社会を念頭におきつつ，そこに生起する経済問題を理解し，考えたりするに際して必要となる経済学の基礎的な理論を取りあげ，解説したものである。説明は，文章自体をわかり易く表現すると同時に，図表，具体的な事例，数値例を用いてできるだけ理解し易くするように努めたつもりである。また，各章の最初には「キーワード」を示し，簡潔に説明し，さらに重要な用語や事項については本文中太字で示している。

　本書の構成は，大きくはミクロ経済学とマクロ経済学の14章からなり，それぞれ7章で構成されている。本書は，城西大学の専任教員5名と，日本経済大学の非常勤教員の6名が執筆を担当している。各執筆者は，経済学の専門分野は異にするが，長年経済学の授業を担当している経験豊富なエキスパートであり，「痒いところに手の届いた」説明に努めている。今回，本書の制作に当たって，城西大学経済学部客員教授の大水善寛先生には企画段階から最終的なチェックまでその中心となって，多大なご尽力をいただいた。また，経営学部教授の柳下正和先生と経済学部准教授の江良亮先生には，出版社への連絡をはじめ，図表のチェックや参考文献の整理など面倒な作業をしていただいた。ここに，両氏に対して感謝の意を表したい。

最後に，本書の刊行に際して，急なお願いにはかかわらず快くお引き受けくださった中央経済社の編集長納見伸之氏に深く感謝するとともに，編集と校正の労をとってくださった中央経済社の方々に対して深く感謝申し上げる。

2017年4月

　　　　　　　　　　　　　　　　　　　城西大学研究室にて

　　　　　　　　　　　　　　　　　　　　　　　　小淵　洋一

目　　次

はしがき　*i*

序章／イントロダクション *1*
 1　「経済学の祖」アダム・スミスと経済学の潮流 *2*
 2　3つの基本的経済問題と経済制度 *3*
 3　現代経済社会の経済問題と価格メカニズムの働き *7*
 4　経済学の2つの世界と新しい経済学 *9*

第1章／ミクロ経済学 *13*
 1　ミクロ経済学と価格分析 *14*
 2　市場の需要・供給とその変化 *17*
 3　需要と供給の価格弾力性 *21*
 4　市場価格の決定とその変化 *24*
 5　消費者行動と企業行動 *26*

第2章／需要 *31*
 1　需要と供給について *32*
 2　需要曲線について *34*
 3　需要量の変化，需要の変化 *38*
 4　需要曲線と財の性質 *40*
 5　個別の需要曲線と社会全体の需要曲線 *42*
 6　消費者余剰 *42*

第3章／供給 … 45

1. 供給曲線について … 46
2. 供給量の変化，供給の変化 … 48
3. 供給曲線と財の性質 … 49
4. 費用の概念 … 51
5. 各生産者の供給曲線と社会全体の供給曲線 … 54
6. 生産者余剰 … 54

第4章／市場 … 59

1. 市場とは … 60
2. 市場均衡と調整過程 … 70

第5章　消費者行動 … 75

1. 消費者（家計）と効用最大化原則 … 77
2. 限界効用理論 … 77
3. 無差別曲線理論 … 80
4. 所得の変化，価格の変化と消費者行動 … 85

第6章／生産者行動 … 91

1. 費用の諸概念 … 91
2. 収入の諸概念 … 99
3. 利潤最大化条件と損益分岐点・操業停止点 … 101
4. 完全競争市場の成立条件 … 106
5. 独占企業 … 107

第7章／市場の失敗 ……………………………………………… *111*

1. 完全競争市場と市場の失敗 …………………………………… *112*
2. 外部性 …………………………………………………………… *113*
3. 公共財 …………………………………………………………… *119*
4. 費用逓減産業 …………………………………………………… *125*

第8章／マクロ経済学 …………………………………………… *131*

1. 現代の政府の役割 ……………………………………………… *132*
2. ケインズ理論と有効需要の原理 ……………………………… *137*
3. マクロの部分均衡分析と一般均衡分析 ……………………… *143*
4. 景気循環とその種類 …………………………………………… *147*

第9章／経済主体と経済循環 …………………………………… *151*

1. 経済主体や市場と経済循環図 ………………………………… *152*
2. 閉鎖経済下における経済主体と経済活動 …………………… *153*
3. 閉鎖経済下における市場と経済主体 ………………………… *156*
4. 経済循環 ………………………………………………………… *158*
5. 開放経済下における海外部門と経済活動 …………………… *159*
6. GDP（国内総生産）…………………………………………… *160*

第10章／国民所得 ………………………………………………… *169*

1. SNA（国民経済計算）とは …………………………………… *169*
2. 経済成長 ………………………………………………………… *173*

第11章／有効需要 ………………………………………………… *177*

	1	有効需要の概念	178
	2	GDP（国民所得）の決定モデル	178
	3	GDP（国民所得）の決定	182

第12章／財政政策　**187**

	1	財政政策の目的	188
	2	財政政策の手段	189
	3	財政政策の効果	192
	4	IS-LM モデルによる財政政策の分析	195

第13章／貨幣　**199**

	1	貨幣とは	199
	2	マネーストック	200
	3	マネタリーベース	202
	4	信用乗数	203
	5	利子率の決定	205

第14章／金融政策　**207**

	1	金融政策の手段	208
	2	金融政策の効果	211
	3	金融政策の課題	216

■参考文献　*219*
■索　　引　*221*

序章

イントロダクション

キーワード

- **稀少性**
  経済学でいう稀少性とは、富とか貧困とはほとんど関係なく、人々の欲望に対してその充足手段である財やサービスの量が相対的に少ないことをいう。さらにいえば、それは財やサービスが無料のときに人々がその財やサービスを欲しいと思う量よりも、利用しうるそれらの量が少ないことである、ともいえる。

- **価格メカニズムの働き**
  価格メカニズムの働きとは、市場機構の働きともいわれるが、価格のもつ需要と供給を調節する機能のことをいう。この働きは、「経済学の祖」アダム・スミスの有名な言葉でいえば「神の見えざる手」のことである。

- **機会費用**
  機会費用とは、ある行動を選択することによって断念した行動のうち最善のものの費用のことをいう。

- **スタグフレーション**
  スタグフレーションとは、景気が悪いのに物価が上昇することをいう。1970年後半以降、主要先進諸国はこのスタグフレーションに直面したが、アメリカでは「レーガノミックス」と呼ばれる経済政策によってその解決が図られた。

- **新しいマクロ経済学**
  1980年代以降、マクロ経済学は、ミクロ経済学の消費者の効用の最大化、企業の利潤の最大化にもとづいて構築されなければならないとする新しいマクロ経済学が進展する。それは、マクロ経済学のミクロ的基礎づけによって確立されているが、それに大きな役割を果たしたのがロバート・ルーカスである。

「経済学の祖」アダム・スミスと経済学の潮流

　近代になると，どのようにして生産を増やし，物質的基礎を拡大するかが重要になった。1776年，「経済学の祖」アダム・スミスは『国富論』（『諸国民の富』とも呼ばれる）を著し，国民の富とは国民の労働で生産される生活必需品や便益品であり，それを増やす最大の要因は**分業**（Division of Labor）であるとした。要するに，スミスは，国民の富を増やし，国を豊かにするためには，労働生産性の向上を図る分業が必要であるとし，その促進を強く主張したのである。

　18世紀末から19世紀初頭になると，T. マルサスと D. リカードはこのスミスの思想を受け継いで，開花した資本主義に内在する諸矛盾を明らかにした。マルサスは，1798年有名な『人口論』を著わし，「人口は1．2．4．8．16のように**幾何級数的**に増えるけれども，食糧生産は1．2．3．4のように**算術級数的**にしか増えない」と主張した。人口の増加率と食糧生産の増加率の間には，長期的にはアンバランスが生ずると考えたのである。なぜ，食糧生産が算術級数的にしか増えないかといえば，それは**収穫逓減の法則**が作用するからであるが，この用語の概念を初めて使用したのは，リカードである。彼は，1817年社会で生産された財が資本家・労働者・地主の3階級間に分配される法則を『経済学および課税の原理』で明らかにし，経済の発展は地代の増加，賃金の上昇，利潤の減少などを導くと説いた。

　1870年代に入ると，経済学に限らず時を同じくして同じような理論が生まれることはよくみられることであるが，メンガー，ジェヴォンズ，マーシャル，ワルラスらは，同時期に別々に**限界原理**と**極大化原理**という分析手法を使って，主観的評価である効用による消費者行動の理論を取り入れた新しい経済学を展開した。このような主観的評価と限界原理を中心としたものへの理論の転換は，**限界革命**とも呼ばれるが，日本ではこれ以降発展していく経済学を一般に近代経済学と呼んでいる。その代表的な一人であるマーシャルは，それまでのポリティカル・エコノミー（政治経済学）という用語にかえて**エコノミックス**（Economics）という用語を用いた。

このマーシャルからピグーへと継承されるケンブリッジ学派あるいは新古典派は，イギリスで当時直面していた経済問題を解決するための研究に取り組み，ピグーは1920年に『厚生経済学』を，J.M.ケインズは古典派経済学および新古典派経済学が1930年代の大不況下のイギリス経済の抱える諸矛盾を十分に解明していないとし，1936年に『雇用・利子および貨幣の一般理論』を著わした。ケインズは，新古典派経済学は完全雇用を前提にしている理論であること，自由放任の経済では不完全雇用の発生の必然性があること，さらには働く意志がありながら職につけない，いわゆる非自発的失業が発生する原因を明らかにした。このようなケインズ経済学の登場は，経済学を大きく変えたことから，**ケインズ革命**とも呼ばれるが，それはまた1930年代当時の新しいマクロ経済学の登場でもあった。さらに，1980年代後半以降になるとロバート・ルーカスはこのケインズの方法論，さらにはそれまでの伝統的なマクロ経済学の方法論を批判し，ミクロ的基礎づけによって確立された**新しいマクロ経済学**が展開している。

　それに対して，個々の経済主体の行動を中心に分析するミクロ経済学では，1933年時を同じくしてロビンソンの『不完全競争の経済学』とチェンバリンの『独占的競争の理論』の登場にみられるように従来の競争的市場を前提とする理論から不完全競争の理論，さらには寡占理論が生まれた。

 ## 3つの基本的経済問題と経済制度

　どのような経済社会であっても，たとえば，それが米国や日本のような資本主義経済であっても，またキューバや北朝鮮のような社会主義経済であっても，中国のような社会主義市場経済であっても，さらにはロビンソン・クルーソーのような孤立した経済であっても，直面し解決しなければならない経済問題には，基本的には「生産の問題」，「技術の問題」，「分配の問題」の3つの問題がある。

　まず，第一の生産の問題は，生産すべき財・サービスの種類とその量の決定の問題である。ノーベル賞経済学者のサミュエルソン教授のやさしい表現でいえば，それは「どのような財が，しかもどれだけ生産されるべきか」という問

題である．たとえば，私たちは，限られた経済資源を使って，米か小麦か，乗用車かトラックか，一戸建住宅かマンションか，何をどれだけ生産すべきかを決定しなければならない．また，政府は，高速道路や福祉施設を建設したり，医師や教師を増やしたり，国防サービスを強化したりすべきかを決定しなければならない．こうして，何をどれだけ生産するかが決定されなければ，人々のどの欲求がどれだけ満足されるかも決まらないのである．また，この生産の問題は，限られた経済資源がどのような財・サービスの生産に配分されるべきかという「資源配分の問題」でもある．

次に，第二の技術の問題は，その財の生産に際しての効率性，すなわち生産方法（生産要素の組合せ）の効率性の問題である．これは，サミュエルソンのいう「どのようにして財は生産されるべきか」という問題である．人々は，米，乗用車，トラック，パソコン，住宅などを生産するに際して，最も効率的な生産方法，すなわち労働，資本，土地といった生産要素の組合せを決定しなければならない．たとえば，自動車メーカーが車を最も効率的に生産しようとする場合，産業用ロボットを増やしてそのぶん労働者を減らすといったこともできる．このように，人々はこの「どのようにして」という問題の解決を避けて通れないのである．

最後に，第三の分配の問題は，「誰のために財は生産されるべきか」という問題である．これが問題となるのは，たとえ限られた経済資源が財の生産に効率的に利用されていたとしても，それが望ましい所得分配に導かれるという保証は必ずしもないからである．この分配の問題は，最も重要な経済問題の1つでもあり，最も議論の多い社会問題の1つでもある．たとえば，所得分配は平等か不平等か，持てる人と持たざる人の格差はどれくらいか，富の格差は世代を超えてあってよいのか，といった問題である．

それでは，このような「何をどれだけ，どのようにして，誰のために」という3つの経済問題は，なぜ発生するのであろうか．それは，人々の欲望に対して，その欲望を充足する手段である財・サービスの量が相対的に稀少だからである．もし，普通の状態における空気や太陽光線のように豊富にあり，限られていなければ，このような経済問題は発生しない．しかし，多くの財やサービスの量は限られているから，それは発生するのである．要するに，これら3つ

の経済問題の根底には，そのような財・サービスに関する稀少性という問題が横たわっているのである。

　この稀少性という用語は，経済学のキーワードの1つで，しっかり理解しておく必要がある。経済学でいう**稀少性**とは，富とか貧困とはほとんど関係なく，今も述べたように人々の欲望に対してその充足手段である財やサービスの量が相対的に少ないことをいう。さらに，言い方を換えれば，稀少性とは，財やサービスがただ（無料）のときに人々がその財やサービスを欲しいと思う量よりも，利用しうるそれらの量が少ないことである，ともいえる。ここで重要なことは，財やサービスが無料のときに人々が欲する量と，人々が利用しうる量とが一致しないことである。空気や太陽光線の場合には，この両者は一致していないとはいえ，人々が欲する量よりも利用しうる量の方が多いから稀少ではないのである。しかし，私たちの身の回りにある多くの財・サービスは，前者より後者の方が少ないから稀少なのである。

　さて，これら3つの経済問題は，どのようにして解決されているのであろうか。その解決のためには，稀少な経済資源を適切に配分する経済制度が必要である。現在，世界にはそのような経済制度には，基本的には問題の解決を市場による配分に任せる市場機構を基礎とする**資本主義経済制度**とその解決を政府による配分によって行う計画機構を基礎とする**社会主義経済制度**の2つがある。

　まず，資本主義経済の場合には，「何をどれだけ，どのようにして，誰のために」という経済問題の解決は，市場に任され，基本的には「価格メカニズムの働き」によって解決されている。この資本主義経済では，そのような経済問題の意思決定は，無数の家計や企業の利己的な行動に任されているが，そこにある程度の経済秩序が維持できるのは，市場におけるこの価格メカニズムの働き，アダム・スミスの有名な言葉でいえば「**神の見えざる手**（Invisible Hand of God）」の導きによるのである。それでは，**価格メカニズムの働き**とは，どのような働きであろうか。この価格メカニズム（価格機構）の働きは，「市場機構の働き」ともいわれるが，価格のもつ需要と供給を調節する機能のことである。この場合の価格メカニズムは実は相対価格のメカニズムであり，円とかドルといった貨幣単位で示される価格ではなく，他の財で示された価格のことである。人々は，価格メカニズムを構成している数多くの**相対価格**によって，ど

のような財・サービスが安いか高いかを知るのである。要するに,「何をどれだけ」という生産の問題は,消費者と生産者がその相対価格に反応することによって解決されている。また,「どのようにして」という技術の問題も,「誰のために」という分配の問題も,相対価格を通じて価格メカニズムによって解決されているのである。

　他方,社会主義経済の場合には,そのような経済問題の解決は,政府当局の決定に基づいてなされている。多くの家計や企業は,その決定に基づいて労働したり,消費したり,生産したりしている。消費財や生産財をどれくらい生産するか,またそれらをどのような生産方法で生産するか,さらにはそれらをどのように分配するかなどの問題の解決は,その政府の決定によるのである。

　このように,資本主義経済は経済問題の解決を市場による配分に任せる経済制度であるの対して,社会主義経済はそれを政府による配分によって行う制度であるが,現実の世界の経済制度はこの両者の性格を併せ持った混合経済(Mixed Economy)と呼ばれる制度になっている。アメリカや日本では,市場による配分がなされている一方で,公企業によって各種のサービスが提供されたり,各種の経済的規制が政府によってなされている。計画機構を基礎とする社会主義制度の国では,政府による配分が支配的ではあるが,農産物の自由市場が盛んになったり,また**社会主義市場経済**の中国では1992年10月以降市場経済化が積極的に推進されている。

　ところで,「何をどれだけ,どのようにして,誰のために生産するか」という経済問題は,すでに述べたように稀少性が存在するために発生するが,言い換えればそのような稀少性が存在するから,それらの問題について選択が必要となるのである。しかし,それは,ある行動を選択すると,他の行動を断念しなければならないことを意味する。この問題に応えてくれるのが,経済学のキーワードの1つである**機会費用**(Opportunity Cost)の考え方である。機会費用とは,ある行動を選択することによって断念した行動のうちで最善のものの費用のことである。たとえば,政府が国防サービスを強化するために防衛費を増加するという選択をした場合,この防衛費の増加以外の他の行動のうちで,社会保障関係費の増加が最善のものであるとすれば,その費用が防衛費の増加の機会費用となる。この機会費用の考え方は,個人はもちろん,企業,政府,

さらには社会全体にもあてはまるものである。

現代経済社会の経済問題と価格メカニズムの働き

　まず，1970年代以降の主要な経済問題についてみておこう。1970年代に入ると，世界経済は一大転機を迎えた。1973年9月，**第1次オイルショック**が起こり，石油価格が1年半あまりの間に4倍も上昇した。その影響で，石油関連製品をはじめ，食糧，原材料，燃料などの一次産品の価格が著しく上昇したのである。このような価格の高騰は，貨幣賃金の急激な上昇，物価の暴騰を招き，世界経済に深刻な影響を与えた。OECDの各国政府は，それに対処するために財政・金融両面からの引締め政策を実施した。しかし，その結果，各国は深刻な不況に陥り，失業は増大し，実質所得はますます低下した。こうして，1970年代後半以降主要先進国は，景気が悪いのに物価が上昇するという「**スタグフレーション**」に直面したが，日本もこの時期に初めてそれに直面した。

　また，1970年代に入ると，経済成長の必然性やその望ましさに疑問が持たれるようなった。それは，一方においてそれまで比較的廉価（れんか）に取得できたエネルギー，食糧，原材料などの価格が高騰し，それらの相対価格が上昇したこと，他方において経済成長にともなって大気汚染，水の汚染，環境破壊，都市の過密，人心の荒廃などが深刻化したことに求められる。

　1980年代初めには，70年代後半以降主要先進国を悩まし続けた前述のスタグフレーションも収まった。なかでも，アメリカは，1981年に登場したレーガン大統領が断行した減税，財政支出の削減，政府規制の緩和，通貨供給の抑制の4つの柱からなる「**レーガノミックス**」と呼ばれる新しい経済政策によって，スタグフレーションの克服に成功した。アメリカ経済は，83年，84年と力強く回復をみせるが，そのレーガノミックスは財政赤字と貿易赤字という**双子の赤字**と呼ばれる新たな問題を発生させた。というのは，レーガン大統領の期待に反して，財政赤字は次第に増大し，しかもそれによって生じたドル高がアメリカ企業の国際競争力を低下させ，貿易赤字も大幅に増大したからである。このように，レーガノミックスは，双子の赤字という新たな病を生み出し，その克服がアメリカ経済の最大の課題となった。

そこで，アメリカはそのようなドル高を是正すべく，1985年９月の先進５カ国蔵相会議（Ｇ５）において，為替市場の協調介入を要請し，合意された（**プラザ合意**）。このプラザ合意以降，アメリカのドル高は急速に是正され，**円高**が急速に進行した。85年９月，１ドル＝230円台であったものが，１年あまりの間に120円台にもなったのである。このような急激な円高は，日本経済に深刻な影響を与え，円高不況を招いた。そこで，日本では急激な円高を抑制するために金融緩和政策がとられたが，それが土地投機の最大の要因となって**バブル経済**を招くことになったのである。1990年，バブル経済は崩壊し，大量の不良債権を発生させた。バブル崩壊以降，一般にはデフレーションともいわれているが，20年あまりの長期的な不況に陥ることになる。現在，デフレからの脱却，言い換えれば長期的な不況からの脱却を図るために，アベノミックスの一環として日本銀行による「異次元の金融緩和政策」が展開されている。

　最近，特に深刻化している経済問題に地球規模の大気汚染の問題がある。この**大気汚染**は，1970年代にも深刻であったが，それは現在中国を中心とする新興国の目覚ましい経済成長も加わって一層広がりをみせている。最近の大気汚染は，温暖化現象，酸性雨による森林破壊，日本でも2013年末社会問題になる前から課題であったＰＭ2.5などにみられるように，地球規模で進んでいる。この地球規模での大気汚染の問題は，21世紀できるだけ早期に解決しなければならない重要課題である。

　以上，1970年代以降の主要な経済問題について概観したが，現代の経済社会にはこのほかにも多くの解決の難しい経済問題が山積している。そのような経済問題を簡潔に整理すれば，「市場機構内での問題」と「市場機構外での問題」に大別される。もっとわかり易くいえば，それは価格メカニズムの働きで解決し得る経済問題か，その働きだけでは解決し得ない経済問題か，ということである。まず，価格メカニズムの働きを通じて解決し得る問題には，インフレーション，デフレーション，失業，国際収支の不均衡，国際通貨問題などがある。他方，価格メカニズムの働きだけでは解決し得ない問題には，現在早急な解決が求められている各種の公害問題，各種のインフラや福祉施設・サービスなどの**公共財**の供給不足などの問題がある。経済学は，前者のような経済問題だけでなく，後者のそれにも十分に応えられるようにしなければならない。

経済学の2つの世界と新しい経済学

1 ミクロの世界とマクロの世界

　経済学に限らず，ものの見方や観察の仕方には，大別してミクロ的（微視的）な方法とマクロ的（巨視的）な方法の2つがあるだろう。たとえば，象という動物や森の様子を観察したりする場合にも，この2つの方法がある。象のお腹の部分だけを観察して，象という動物は平べったい大きな動物であると捉えてしまえば，大変な捉えちがいをしていることになる。私たちは，何かをものを観察する場合には，部分的に細かく観察することが必要であるが，それと同時に巨視的にあるいは俯瞰的に大きく観察することが必要なのである。さもないと，「木を見て森を見ず」ということに陥るかもしれないのである。

　経済学においても，このようなミクロ的な方法とマクロ的な方法の2つがある。両者は，いずれも経済の動きを捉えようとするものであるが，前者はミクロ経済分析ないしミクロ経済学，後者はマクロ経済分析ないしマクロ経済学と呼ばれている。まず，**ミクロ経済学**は，個々の家計や企業の行動の分析に立脚し，家計の消費や企業の生産がいかにして決定されるか，また財やサービスおよび生産要素（労働，資本，土地）の価格がいかに決定されるか，限られた生産資源を最も効率的に配分するにはどうすればよいか，などの問題に解答を与えてくれる。さらには，それは市場機構ないし価格メカニズムの限界が明らかにされるにつれ，公害や混雑などに代表される現代の重要問題を理解する手がかりを与えてくれる。このように，消費者行動や企業行動，個々の財・サービスの価格の決定，賃金・利子・地代の決定，生産資源の配分などの問題は，このミクロ経済学の守備範囲となる。

　他方，**マクロ経済学**は，物価，失業，景気変動，経済成長，国際収支，国際通貨といった問題を守備範囲としているが，それは経済全体の活動水準の決定と変動メカニズムを明らかにすることによって，それらの問題を理解する手がかりを与えてくれる。また，マクロ経済学は，物価の安定，完全雇用の達成，

経済成長，国際収支の均衡などの経済政策の諸目標の間にはどのような関係があり，またそれらの目標を実現するための政策手段にはどのようなものがあるか，さらにはその政策手段にはどの程度の効果があるか，などの問題に解答を与えてくれる。

2 ミクロ経済学とマクロ経済学の区別の仕方

さて，ミクロ経済学とマクロ経済学は，どのようにして区別されるのであろうか。その区別の仕方には，分析対象の違いによるものと，分析方法の違いによるものの2つの方法がある。まず，分析対象の違いによる方法では，よく「木と森」の例に例えて説明されるが，**ミクロ経済学**は森を形づくっている個々の「木」を観察の対象とするもので，経済学においてはその個々の木に相当する個別経済主体（家計，企業，政府）を分析の対象として，個々の家計や企業，政府の行動を捉えることによって，経済の動きを捉えようとする経済学である。それに対して，**マクロ経済学**は，個々の木が集まってできた「森」を観察の対象とするもので，経済学ではその森に対応する国民経済を分析対象とし，国民所得，消費，投資などの集計量概念を用いて，国民経済の動きを捉えようする経済学である。

もう1つの分析方法の違いによる方法においては，ミクロ経済学は**価格分析**が中心で，それは家計の消費量，企業の生産量が価格を媒介として決定されることにもみられるように，価格関係を中心として経済全体の動きを捉えようとする経済学である。他方，マクロ経済学は**国民所得分析**が中心で，集計量概念を用いて，国民所得を中心としてそれと密接な関係をもつ経済諸量である消費や投資との一般的な相互関係を捉えることによって，経済の動きを鳥瞰図的に捉えようとする経済学である。要するに，ミクロ経済学の主要な用具は価格分析であり，マクロ経済学のそれは国民所得分析であるといえよう。

このように，ミクロ経済学とマクロ経済学は，分析対象，分析方法も違うが，いずれも経済の動きを捉えようとする経済学なのである。なお，ミクロ経済学の価格分析の中核をなすのが**需要供給の法則**であり，マクロ経済学の国民所得分析の中核をなすのがケインズの**有効需要の原理**である。これらについては第

1章と第10章で詳しく説明する。

3　新しいマクロ経済学の進展

　ところで，ここで取りあげたミクロ経済学とマクロ経済学の区別は，現在では方法論上難しくなってきているのである。というのは，マクロ経済学は，第5章，第6章で取りあげるミクロ経済学の消費者の効用最大化，企業の利潤最大化にもとづいて構築されなければならないとする新しいマクロ経済学が1980年代以降進展しているからである。**新しいマクロ経済学**は，そのようなマクロ経済学のミクロ的基礎づけによって確立されているが，それに大きな役割を果たしたのは，1995年のノーベル経済学賞受賞者の**ロバート・ルーカス**である。この新しいマクロ経済学の新しい理論は，経済成長の理論と景気循環の理論にみられる。これらについて詳しくは，『コンテンポラリーマクロ経済学』の第11章を参照されたい。

第 1 章

ミクロ経済学

```
                    キーワード
```

- **市場の形態**
  代表的なものには，独占，寡占，完全競争市場がある。各市場の特徴を価格についていえば，独占の場合には自らの意志で価格を決定できること，寡占の場合には同種の製品についてライバル企業の価格を考慮しないと価格を決定できなくなること，完全競争の場合には価格は与えられたものとすることである。

- **需要の変化（供給の変化）**
  図では需要曲線（供給曲線）のシフトによって説明される。需要曲線（供給曲線）についていえば，「価格が変わらなくても需要量（供給量）が増えれば右シフト，減れば左シフトする。

- **弾力性**
  数学的にいえば，2つ変数があって，一方の変数の変化が他の変数の変化にどの程度影響を与えるかを示した概念である。需要の価格弾力性でいえば，2つの変数は価格と需要量で，価格の変化が需要量の変化にどの程度影響を与えるかをみる概念である。需要曲線との関係では，弾力性が大きい（小さい）ほど，それが線形のときその傾きは緩やか（急）になる。

- **市場均衡価格**
  市場全体の需要量と供給量が等しくなるところで決定される。このように，市場価格が需要と供給の関係を通じて決定されることを需要・供給の法則という。

- **価格の変化**
  価格の変化には所得効果と代替効果という2つの働きがある。所得効果とは，価格の低下（上昇）は消費者の所得を実質的に増やす（減らす）働きのあることをいい，代替効果とは価格の変化は相対価格を変える働きのあることをいう。

ミクロ経済学と価格分析

1 市場形態とその特徴

　ミクロ経済学は，すでに述べたように価格分析が中心で，価格関係を中心にして経済全体の動きを捉えようとする経済学であるが，そこでまず大切になるのが市場についての理解である。市場は，財やサービスの買手と売手を引き合わせる仕組みないし制度のことをいうが，それにはさまざまな形態がある。そのような市場形態は，売手と買手の数，売手の価格に対する支配力の程度，取引される財やサービスの型，競合する財やサービスの有無，さらには財やサービスの価格や品質に関する情報量の多寡などによって分類される。

　表1-1は，売手と買手の数に基づいて市場の形態を分類したものであるが，ここでは価格理論で基礎的に大切になる完全競争市場，独占市場，寡占市場について説明しておこう。

　まず，ミクロ経済学の中心的な理論である価格理論において理論的説明用具の極限の形として登場するのが，完全競争市場で，自由競争市場とも呼ばれる。この**完全競争市場**は，価格の決定に少しも影響を与えないような多数の売手

表1-1　市場形態の分類

売手の数 買手の数	1人	2人	少数	多数
1人	双方独占			需要独占 (買手独占)
2人		双方複占		需要複占 (買手複占)
少数			双方寡占	需要寡占 (買手寡占)
多数	供給独占 (売手独占)	供給複占 (売手複占)	供給寡占 (売手寡占)	完全競争 (自由競争)

（供給者）と買手（需要者）の間で自由な取引が行われている市場のことをいうが，よりわかり易くいえばそれは価格や生産量の決定に対して支配力をもった巨大企業が存在しないで，競争が自由に行われている市場のことである。この完全競争市場は，1つの極限の形であるが，それと正反対のもう1つの極限の形が独占である。**独占市場**とは，図にみられるように市場においてただ1人の売手（買手）に対して多数の買手（売手）が対応し，売手の供給する財に近い代替財が存在しないような市場のことである。ただ単に，独占という場合には，ある財についてただ1人の売手に多数の買手が対応する供給独占（Monopoly）を指している。日本で，この独占の例としては，現在社会問題にもなっている地域独占の東京電力，関西電力などの電力事業があげられる。このような完全競争市場と独占市場の中間的領域にある不完全競市場の一形態が，寡占市場である。**寡占市場**は，一般には少数の売手に対して多数の買手が対応するような市場のことである。寡占の例としては，自動車，ビール，板ガラス，家電，鉄鋼産業などがあげられる。

　次に，完全競争，独占，寡占の市場の特徴を価格の決定についてのみみておこう。わかり易くするために，売手の数に注目し，「ライバル企業（競争相手企業）が存在しない独占」，「ライバル企業が少ない寡占」，「ライバル企業が多数の完全競争」の順に説明する。まず，ライバル企業が存在しない独占の特徴は，その独占企業は「自らの意志で価格を決定できること」である。これは，独占の最大のメリットである。しかし，ライバル企業が出現し，それが少数の寡占の場合には，そのような自らの意志では価格を決定できなくなるのである。寡占においては，競争企業は少なく，各企業は相互依存関係を持つようになるから，各企業はライバル企業の行動を考慮しないと自らの行動を決定できなくなるのである。価格の決定についていえば，同種の製品について「ライバル企業の価格を考慮しないと自らの価格を決定できなくなること」である。というのは，利潤が自らの価格決定だけでなくライバル企業の価格決定によっても影響されるようになるからである。

　さらに，ライバル企業が増え，多数になった完全競争の場合には，個々の企業は所与としての価格と費用の関係で供給量を決定しなければならなくなるという意味で**価格受容者**（Price Taker）と呼ばれるように，「価格は与えられた

ものとすること」である。完全競争市場が成立するためには，第4章でみるようにいくつかの条件があるが，そのすべての条件を満足した市場で競争が行われたときの1つの帰結は，個々の売手は市場における需給関係を通じて決定される市場価格を受け入れて行動せざるをえなくなるということである。

　以上，完全競争，独占，寡占の3つの市場の特徴についてみたが，そのうち寡占市場においてみられる現象をあげておこう。まず，寡占市場では，価格競争は著しく後退し，価格以外の面での競争，すなわち**非価格競争**が激しく展開されるということである。企業間の競争は，価格の面での競争，すなわち価格競争と，この非価格競争に分けられるが，寡占市場では非価格競争が主要な競争の形態となる。それには，テレビ，ラジオ，新聞，インターネットなどの各種のマスメディアを通じての広告・宣伝をはじめ，品質競争，新製品・技術競争，販売条件競争，販売網拡大競争などがある。なかでも，広告・宣伝は消費者に与える影響が大きいから，多額の広告費を投じて展開されている。また，新製品・技術競争では，新製品の開発をするために多額の資金が投じられている。企業にとって，新製品を出すメリットはどこにあるのであろうか。それは，その新製品については独占であるから，「自らの意志で価格を決定できる」という独占のメリットを企業は享受できるからである。このような価格以外の面での企業間の競争については，現在企業間ではどのような競争が展開されているか，といった問題を考えるときにも役立つので，覚えておいてほしい。寡占市場では，このような競争が激しく行われているが，技術進歩による恩恵が消費者に還元されずに一部大企業によって独占されたり，消費者の購買欲がいたずらにかきたてられたりするという現象さえみられる。もう1つは，**価格の下方硬直性**という現象がみられることである。それは企業の市場支配力が高まるにつれて，生産の合理化や技術革新によって生産費が低下しても生産物価格が下がり難いという現象のことである。

2 市場の需要・供給とその変化

1 市場の均衡分析

　市場には，いまみたようにいろいろな市場があるが，まずここでは市場の働きが最も理想的に機能する市場，つまり完全競争市場を取りあげ，市場が本来持っている機能を説明する。その市場の働きを分析するとき用いられるのが市場の均衡分析で，それには部分均衡分析と一般均衡分析がある。両者の違いは，分析する市場が1つか複数かにあり，**部分均衡分析**はある1つの市場だけに注目し，**一般均衡分析**は複数の市場に注目する分析である。ここでは，部分均衡分析を中心に取り上げる。

2 市場の需要とその変化

　さて，需要と供給は市場でどのように調整されるのであろうか。そこで，まず**需要**とは，買手が買いたいと思い，市場でお金を支払って財・サービスを購入することをいう。言い換えれば，それはある財・サービスの価格とその財・サービスに対する需要量の関係であるともいえる。この価格と需要量の間には，他の事情が不変であれば（*ceteris paribus*），価格が上がれば需要量は減少し，価格が下がれば需要量は増大するという負の関係がみられる。ここで，ポイントは，そのようなことがいえるのは，他の事情が不変であれば，つまりここではある財の価格とその需要量以外の要因が不変であればという仮定があるからであり，それ以外の要因が変化すればそのようなことはいえなくなるのである。この点については，後で詳しく説明する。**需要法則**とは，他の事情を不変とした場合のそのような価格と需要量の関係をいい，ある財に対する需要量は価格が下がれば下がるほど増加することをいう。この需要法則は，経済学の基本法則の1つであるが，なぜそうなるのかについては第2章と第5章で詳しく説明する。いま，価格と需要量の関係を関数式で示したのが需要関数であり，それ

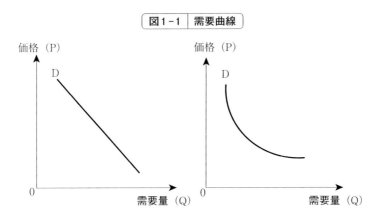

を図で示したのが需要曲線で，**図 1-1** のような右下がりの D 曲線のようになる。また，両者の関係を表で示したのが需要表である。この需要曲線は，図のように右下がりの直線の場合と曲線（双曲線）になる場合がある。

ところで，同じ需要量が増える場合でも，2 つの場合がある。その一つは，いまもみたように他の事情を不変とすれば，ある財，たとえばリンゴの価格が下がればその需要量は増加する。もう 1 つは，リンゴの価格が下がらなくても，つまりそれが不変であってもリンゴの需要量が増える場合がある。それは，リンゴの価格が下がらなくても，他の事情が変われば，つまりリンゴの価格とその需要量以外の要因が変われば，リンゴの需要量は増加する。この需要量の増加は，需要の増加によるのである。このような需要の変化は，図では需要曲線の右，左でのシフト（移動）によって説明される。この需要曲線のシフトは，問題にもよくされるから，後で説明する供給曲線のシフトとともにしっかり理解しておこう。

需要曲線の右，左どちらにシフトするかを理解するときのポイントは，リンゴの例でいえばリンゴの価格が変わらなくても，**需要の変化**の要因が変わって需要量が増えれば右，需要量が減れば左へシフトする。

そのような需要を変化させる要因，図では需要曲線をシフトさせる要因には，①消費者の所得，②消費者の所得分配，③消費者の嗜好，④市場の人口とその構成の変化，⑤関連する財（代替財，補完財）の価格の変化，⑥将来価格につ

いての期待などがある。これらの要因の変化によって，需要曲線が右，左のどちらにシフトするか少しみておこう。リンゴの例でいえば，消費者の所得が増えれば，リンゴの価格は下がらなくてもその需要量は増加するから，需要曲線は右にシフトする。人口が増えれば，リンゴの価格が下がらなくてもその需要量は増加するから，需要曲線は右にシフトする。ここで，少し厄介なのが，関連する財，たとえばリンゴの代替財のミカンの価格が下がった場合，リンゴの需要量が増えるのか減るのかということである。リンゴの価格は変わらなくても，ミカンの価格が下がると，リンゴは相対的に高くなるからその需要量は減少する。それゆえ，リンゴの価格は変わらなくても，その需要量は減少するから，リンゴの需要曲線は左にシフトする。

3　市場の供給とその変化

　一方，**供給**とは，売手が財・サービスを生産し，市場で販売することをいう。言い換えれば，それはある財・サービスの価格とその財・サービスの供給量の関係であるともいえる。この価格と供給量の関係は，他の事情が不変であれば，価格が上がれば供給量は増加し，逆に価格が下がれば供給量は減少するという正の関係がみられる。需要の場合と同様に，そのようなことがいえるのは，他の事情が不変であれば，つまりある財・サービスの価格とその供給量以外の要因が不変であればということを仮定しているからである。他の事情が変化すれば，そのようなことはいえなくなるのである。**供給法則**とは，他の事情を不変とした場合の価格と供給量の関係をいい，ある財・サービスの価格が上がれば上がるほど供給量が増えることをいう。いま，価格と供給量の関係を関数式で示したのが供給関数で，それを図で示したのが供給曲線で，**図1-2**のような右上がりのS曲線のようになる。この供給曲線がどのようにして導かれるかについては，第3章と第6章で説明する。

　ところで，同じ供給量が増える場合でも，2つの場合がある。その一つは，いまもみたように他の事情が不変であれば，ある財，たとえばリンゴの価格が上がればその供給量は増加する。もう1つは，リンゴの価格が上がらなくても，つまりリンゴの価格が変わらなくてもその供給量が増える場合がある。それは，

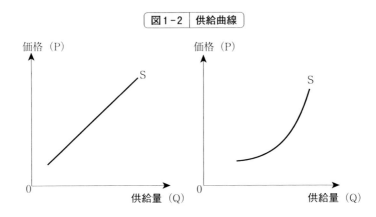

図1-2　供給曲線

　リンゴの価格が上がらなくても，他の事情が変化すれば，つまりリンゴの価格とその供給量以外の要因が変化すれば，リンゴの供給量は増加する。この供給量の増加は，供給の変化によるのである。このような**供給の変化**は，図では供給曲線の右，左へのシフトによって説明される。需要曲線のシフトの場合と同様に，この供給曲線のシフトについてもしっかり理解しておこう。

　この供給の変化の要因，図では供給曲線をシフトさせる要因には，①生産者の数，②生産要素サービスの価格（賃金，利子，地代），③技術進歩，④他の財の価格，⑤課税（たとえば間接税），⑥補助金，⑦豊作などがある。これらの要因の変化によって，供給曲線が右，左いずれにシフトするかについては，需要曲線のシフトの理解と同様に，価格が変わらなくても供給量が増えれば右に，供給量が減れば左にシフトする。リンゴの例で少し説明しておこう。①のリンゴの生産者が増えれば，リンゴの価格が変わらなくてもその供給量は増えるから，リンゴの供給曲線は右にシフトする。②のリンゴの生産者が土地を借りていてその地代が上昇した場合，リンゴの供給量は減少するから，供給曲線は左にシフトする。④の課税，たとえばリンゴ1個に付きいくらといった間接税が課せられた場合，その供給量は減少するから，この場合も供給曲線は左にシフトする。⑦のリンゴが豊作になった場合，それは右にシフトする。

　このような需要曲線のシフトと供給曲線のシフトは独立し，その要因にはいろいろあるが，試験対策上ではどの要因がどの曲線をシフトさせる要因になる

のか，さらにその要因の変化によって曲線が右，左のいずれにシフトするのかをしっかり理解しておこう。

需要と供給の価格弾力性

　価格と需要量の関係，価格と供給量の関係についてみたが，次に価格の変化が需要量の変化にどの程度影響を与えるか，また価格の変化が供給量の変化にどの程度影響を与えるかについてみてみよう。その影響の程度を示す概念に，「弾力性」がある。この**弾力性**の概念は，経済学における重要な概念の1つであり，試験でもよく問題にされる事項である。弾力性は，数学的にいえば，2つ変数があって，一方の変数の変化が他方の変数の変化にどの程度影響を与えるかを示したものであるが，その2つの変数を何にするかによって，経済学においては各種の弾力性の概念がある。なかでも，最も基礎的で，よく問題にもされる需要の価格弾力性からはじめよう。

　需要の価格弾力性とは，ある財・サービスの価格の変化によって，その財・サービスの需要量がどの程度変化するかを示すものである。すでにみたように，価格が上がると需要量は減少するが，需要の価格弾力性は価格が何％か上がった場合需要量がどの程度減るかを示したものである。言い換えれば，それは価格の変化に対して需要がどの程度敏感に反応するかを示したものでもある。

　いま，価格をP，需要量をDとすれば，需要の価格弾力性（E_d）は次のようになる。

$$E_d = -\frac{\frac{\Delta D}{D}}{\frac{\Delta P}{P}}$$

　ここで，式の前にマイナスの符号をつけているのは，この弾力性の値をプラス（正）にするためである。というのは，価格と需要量は負の関係にあるから，価格が上がれば需要量は減少し，逆に価格が下がれば需要量は増加し，このマイナスをつけておかないと弾力性の値がマイナスになってしまうからである。

経済学では，一般に需要の価格弾力性は絶対値で表わす。需要の価格弾力性は，上の式のように示されるが，わかり易く示せば，次のようになる。

$$需要の価格弾力性 = \frac{需要量の変化率}{価格の変化率} \tag{1}$$

あるいは，よりわかり易い百分率変化で示せば，次のようになる。

$$需要の価格弾力性 = \frac{需要量の百分率変化}{価格の百分率変化} \tag{2}$$

となる。

　この需要の価格弾力性には，3つのケースがある。ある財やサービスに対する需要は，その財やサービスの価格の変化によって変化するが，その変化の程度は必ずしも一様ではなく，たとえ価格の変化が同じであっても，その需要量に与える影響は大きい場合もあれば小さい場合もあり，また変わらない場合もある。このように，価格の変化に応ずる需要の変化には，3つのケースがある。ケース1は，価格の百分率変化と需要量の百分率変化が同じ場合，$E_d = 1$ となり，これは**単位弾力性**という。ケース2は，価格の変化に対して需要の変化の程度が大きい場合で，これは価格の百分率変化に比べて需要量の百分率変化が大きい場合である。この場合，$E_d > 1$ となり，**弾力性大**ないし弾力的という。ケース3は，価格の変化に対して需要の変化が小さい場合で，これは価格の百分率変化に比べて需要量の百分率変化が小さい場合である。この場合，$E_d < 1$ となり，**弾力性小**ないし非弾力的という。

　ところで，この需要の価格弾力性は，需要曲線が線型の場合，「価格が高く需要量が少ない」ほど大きくなる。なぜ，そうなるのかについては，第2章で詳しく説明する。また，この需要の価格弾力性と需要曲線の関係であるが，需要の価格弾力性が大きいか小さいかは，便宜的には需要曲線の傾きによって捉えられる。需要曲線の傾きが緩やかなほど，E_d は大きく，その傾きが急なほど E_d は小さくなる。言い換えれば，E_d が大きいほど需要曲線の傾きは緩やかになり，E_d が小さいほど需要曲線の傾きは急となる。そのような需要曲線の極端な場合も，理解しておく必要がある。需要曲線が横軸に平行になった場合，E_d は完全に弾力的となり，数学的には無限大となる。逆に，需要曲線が横軸に垂直になった場合，E_d は完全に非弾力的となり，数学的にはゼロとなる。

なお，この需要の価格弾力性と需要曲線の傾きの関係は，前述の（1）を使って説明できるが，ここでは省略する。

次に，需要の価格弾力性と総収入の関係についてみておこう。$E_d > 1$のときには，価格が上がった場合総収入は減少し，逆に価格が下がった場合総収入は増加する。このように，$E_d > 1$の場合には，価格の変化と総収入の変化とは逆方向に変化する。なぜそうなるのかについては，第2章で説明する。$E_d < 1$のときには，価格が上がると総収入は増加し，逆に価格が下がると総収入は減少する。このように，$E_d < 1$の場合には，価格の変化と総収入の変化は同方向に変化する。さらに，$E_d = 1$のときには，価格が上がって下がっても総収入は変わらない。

最後に，需要の価格弾力性を決定する要因をみておこう。それには，①必需品か奢侈品（ぜいたく品）か，②代替財が存在するかどうか，③価格の変化に対して需要を調整する時間が短いか長いか，④所得（予算）に占めるその財の価格の割合（相対的重要性）が大きいか小さいか，といった要因があげられる。まず，①の必需品の場合，トイレットペーパー，洗剤，通勤・通学の公共輸送サービスにみられるように価格が上がっても下がってもその需要に与える影響は小さいから，E_dは小さい。したがって，必需的なものであればあるほど，E_dは小さくなる。逆に，ぜいたくなものであればあるほど，E_dは大きくなる。需要曲線の傾きとの関係でいえば，必需的なものであればあるほど，その傾きは急となる。②の代替財が存在しない場合には，価格が上がっても下がってもその財を需要せざるを得ないから，需要に与える影響は小さく，E_dは非弾力的となる。逆に，代替財が存在する場合には，E_dは弾力的となる。③の価格の変化に対して需要を調整する時間が短い場合には，E_dは小さくなる。というのは，時間が経てば価格の変化に対して需要を変える余地もあるが，時間が短い場合にはその余地がないからである。さらに，④の所得（予算）の占めるその財の価格の割合が大きいか小さいかが弾力性の大小に影響を与える。その割合が大きいほどE_dは大きく，逆にその割合が小さいほどE_dは小さくなる。

(1) 供給の価格弾力性

価格と供給量の関係は，すでにみたように価格が上がれば供給量は増加し，

逆に価格が下がれば供給量は減少するという関係があるが、**供給の価格弾力性**とは価格が何％か上昇した場合供給量がどの程度増えるかという変化の程度を示したものである。いま、価格をP、供給量をSとすれば、供給の価格弾力性（Es）は次の式で示される。

$$Es = \frac{\frac{\Delta S}{S}}{\frac{\Delta P}{P}}$$

それを百分率で、示せば、

$$供給の価格弾力性 = \frac{供給量の百分率変化}{価格の百分率変化}$$

この供給の価格弾力性も、需要の価格弾力性と同様に、3つのケースがある。①価格の百分率変化と供給量の百分率変化が同じ場合で、この場合 Es＝1 となる。②は Es＞1 の場合で、これは価格の百分率変化より供給量の百分率変化が大きい場合である。③は、Es＜1 の場合で、これはその逆の場合である。

この供給の価格弾力性を決定する要因で最も重要なものは、価格の変化に対して供給を調整するのに要する時間である。価格の変化に対して供給を調整する時間的余裕がないときには、Es は小さくなる。この供給の価格弾力性と供給曲線との関係は、需要の価格弾力性と需要曲線との関係と同様に、向きは違うが、その傾きが急なほど Es は小さく、逆にその傾きが緩やかなほど Es は大きくなる。

4 市場価格の決定とその変化

市場の機能が最大限に発揮される理想的な市場である完全競争市場では、価格はどのように決定されるのであろうか。これは、ある財の需要と供給の関係から価格の決定を考えることに他ならない。市場需要曲線は、買手がさまざまな価格に対してどれだけ購入しようとしているのかを示し、それは図では縦軸からその需要曲線までの長さによってわかる。言い換えれば、その長さは、さ

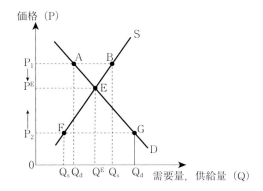

図1-3 市場価格の決定

まざまな価格に対する買手の購入したい量を示している。一方，市場供給曲線は，売手がさまざまな価格に対してどれだけ売ろうとしているのかを示し，それは図では縦軸からその供給曲線までの長さによってわかる。その長さは，さまざまな価格に対する売手の売りたい量を示している。いま，ある財のそのような市場需要曲線を図1-3のD，市場供給曲線をSとすれば，その財の価格は両曲線の交点，つまり均衡点Eに対応してP^Eの水準に決定される。このようにして決定される価格は，**市場均衡価格**ないし競争価格と呼ばれる。この均衡価格は，需要量と供給量を等しくする価格であり，さらにいえば買手の買いたい量と売手の売りたい量を等しくする価格である。

完全競争市場では，すでにみたように価格が唯一の取引を調整する要因となるから，価格による調整によって，需要量と供給量が等しくなる状態，つまり**市場均衡**が達成される。この市場均衡が達成されるまでの調整プロセスを説明する考え方に，第4章で詳しく説明するが，「**ワルラス的調整過程**」と「**マーシャル的調整過程**」がある。

次に，そのような市場均衡価格は，どのような要因で変化するのかをみてみよう。それは，需要の変化や供給の変化によって変化する。図でいえば，それは，需要曲線がシフトしたり，供給曲線がシフトすると変化する。需要の変化と供給の変化の要因については，先の**2**でみたが，まず需要の変化の要因のうち消費者の所得が増えたときの均衡価格がどう変化するのかみてみよう。消費

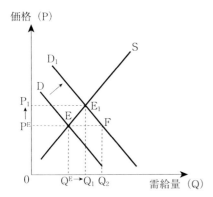

図1-4 需要の変化と価格の変化

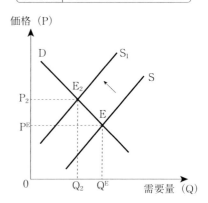

図1-5 供給の変化と価格の変化

者の所得が増えると，需要曲線が右にシフトするから，図1-4にみられるように均衡点は E_1 となり，均衡価格は P^E から P_1 に上昇する。

次に，供給の変化の要因のうち財1個につきいくらという間接税が課せられたとすると，供給曲線が左にシフトし，均衡点は E_2 となり，均衡価格は P^E から P_2 に上昇する。さらに，需要と供給が同時に変化した場合，均衡価格はどのように変化するであろうか。ここでは，図は省略するが需要も供給も増えた場合をみてみよう。この場合，需要曲線も供給曲線も右にシフトするが，需要の増加と供給の増加が同じ場合，均衡価格は変わらない。しかし，需要の増加に比べて供給の増加が小さいときには，均衡価格は上昇するが，需要の増加に比べて供給の増加が大きい場合には，均衡価格は低下する。このように，需要と供給が同時に増加した場合には，均衡需給量は明らかに増加するといえるが，均衡価格がどこに落ち着くかは明らかでない。

消費者行動と企業行動

1　消費者行動

　消費者は，さまざまな財やサービスを消費するが，その消費は予算制約の下

で効用の最大化を目的になされる。そのような消費者の行動を説明する理論に，第5章で詳しく説明するが基数的アプローチと序数的アプローチがある。消費者が財やサービスを消費することによって得ることのできる満足のことを効用というが，**基数的アプローチ**はその効用を1，2，3というように数値的に測ることができることを仮定して消費者の行動を説明しようとする理論であり，**序数的アプローチ**は欲しい財やサービスを一番目，二番目，三番目というように序数的に欲しい順位をつけられることを仮定して消費者の行動を説明する理論である。

まず，基数的アプローチから始めると，いま各消費財の市場での価格と消費者の所得が与えられている場合，どのようにすれば**消費者均衡**，すなわち消費者が各消費財を合理的に選択することによって最大満足に達した状態が達成されるのかをみておこう。この場合の消費者均衡の条件を2つの消費財，リンゴとミカンだけについてみると，

$$\frac{リンゴの限界効用}{リンゴの価格} = \frac{ミカンの限界効用}{ミカンの価格}$$

となる。

この条件を満足するように，消費者はリンゴとミカンの購入量を決定すれば消費者均衡が達成される。この式の $\frac{限界効用}{価格}$ は貨幣単位当たり限界効用，つまり1円あたりの追加的効用を意味するから，消費者はリンゴとミカンのそれが等しくなるようにリンゴとミカンの購入量を決定すれば，一定の所得支出で最大の満足を得ることができる。この消費者均衡の条件式は，リンゴとミカンの限界効用にそれぞれの価格の逆数が加重されて均等になるとき消費者均衡が達成されることを意味することから，**加重限界効用均等の法則**と呼ばれる。要するに，基数的アプローチでは，この法則を満足するように各消費財の購入量を決定すれば，消費者は一定の所得支出で最大の満足を得ることができるとされるのである。

ところで，このような基数的アプローチでは効用を数値的に測定できるとしているが，そのためには客観的な尺度が必要となる。しかし，それは主観的な評価体系では不可能であるから，主観的な効用の測定を直接行わずに客観的に

測定しようとする試みが序数的アプローチの方法としてパレートによってなされはじめた。さらに，それは**選好の理論**としてヒックスによって完成された。この序数的アプローチは，いまみたように欲しい順位をつけられることを仮定して消費者行動を説明しようとする理論であるが，効用水準が高いとか低いとかいう効用の比較が必要となる。その際の分析用具として考えられたのが，無差別曲線である。この無差別曲線を用いた消費者行動の説明は，第5章で詳しく行うが，ここではポイントとなる点をいくつかみておこう。

まず，**無差別曲線**とはどのような曲線で，どのような特徴をもった曲線か，さらに無差別曲線を用いて消費者行動を説明する場合，限界効用を無差別曲線上に示さなければならなくなるが，そのとき必要となるのが**限界代替率**という概念である。そこで，限界代替率と限界代替率低減の法則の理解がポイントとなる。

次に，この無差別曲線を用いた消費者行動の理論においても，消費者の所得と消費財の価格は与えられたものとして，消費者均衡の条件を求めていくことになる。そこで，まずその消費者均衡を考える基礎的なケースとなるのが，消費者の所得ないし予算と消費財の価格が変化しない場合の消費者均衡のケースである。次に，所得が変化した場合のその消費者均衡の変化，さらに価格が変化した場合の消費者均衡の変化などについての理解がポイントとなる。

そのうち，特に重要となるのが，消費者行動の理論の山場ともいえる価格が変化した場合の消費者均衡の変化についての理解である。それは，なぜ需要曲線は一般に右下がりとなるのか，価格の変化にはどのような働きがあるかなどを理解する上で重要となる。価格の変化には，**所得効果**と**代替効果**という2つの働きがあるが，所得効果についてはすでにイントロダクションでみたように価格の変化，たとえば価格の低下には消費者の所得を実質的に増やす働きがあるが，また価格の変化には相対価格を変化させるという代替効果がある。この2つの効果が合わさって，価格が下がると消費は増えるから，一般に需要曲線は右下がりとなるのである。

2　企業行動

　企業行動の理論で重要な問題には2つあり，1つは企業に最大利潤をもたらす生産量の決定の問題であり，もう1つは総費用を最小にするような生産方法，すなわち各生産要素の組合せの決定の問題である。

(1)　最大利潤をもたらす生産量の決定

　まず，ここでは，各種の費用概念とともに，特に限界費用や限界収入の概念をしっかり理解し，利潤を最大化する生産量がいかにして決定されるのか，次に後者では限界生産力，生産関数などの概念，さらに生産の無差別曲線とも呼ばれる等産出量曲線などについて理解を深め，総費用を最小にする生産方法がいかにして決定されるのかを理解することがポイントとなる。

　ここでは，前者の生産量の決定について少しみておこう。企業の生産の目的は，利潤の最大化にあるが，利潤＝総収入－総費用であり，さらにいえば利潤＝価格×販売量－平均費用×生産量となる。利潤を最大化するためには，総収入を最大化し，総費用を最小化することが求められる。そのためには，まず平均費用を引下げ，最小化することが求められるが，それによって価格の引下げ，最小化が可能となり，総収入を最大化することができる。そうすれば，利潤の最大化を図ることができる。

　ところで，企業は何個ないし何トン生産すれば，利潤を最大にできるかが最大の課題である。そのときの経済学的な解決法は，どのようにすればよいのであろうか。経済学的には，**限界収入＝限界費用**となるように生産量を決定するという方法がとられる。企業は，生産量を1個増やしたときの追加的費用，つまり限界費用と，そのときの追加的収入，つまり限界収入が等しくなるように生産量を決定すれば，利潤の最大化が図れるとされる。もう少しイメージし易い例をあげよう。いま，鉄道会社が利潤を最大にする列車本数を何本にするかを決定しようとする場合を考えてみよう。列車数を1本増やすと，車両費，運転費，動力費などの追加的費用が発生するが，他方列車数の増加によって収入も追加的に増える。この追加的収入（限界収入）と追加的費用（限界費用）が

等しくなるように列車数を決定すれば，鉄道会社は利潤を最大にする列車数を決定できるとされる。

(2) 総費用を最小にする生産方法の決定

　企業にとって，総費用を最小にする，言い換えれば一定の費用で最大の生産量をもたらす生産方法（**生産要素の組合せ**）の決定が問題となる。いま，労働と資本を使って一定の費用で生産するものとする。一定の費用で最大の生産量をもたらす労働と資本の組合せは，『コンテンポラリーミクロ経済学』の第5章で詳しく説明するが図では**等産出量曲線**と**等費用線**の接点（最適生産点）に対応した組合せとなる。経済学的にいえば，それは労働と資本の間の限界代替率と，労働と資本の価格比率（賃金に対する利子の比率）が等しくなることである。要するに，労働と資本の限界代替率＝労働と資本の価格比率となることが，一定の費用で最大の生産量をもたらす生産方法となるための均衡条件となるのである。

第 2 章

需要

キーワード

- **需要曲線**
 需要曲線はある特定の財・サービスの価格と数量の関係，価格は需要者が支払う最大の金額，需要者が購入する財・サービスから得られる満足（効用）の大きさを示している。
- **需要の法則**
 需要者は，価格が高ければ，ある特定の財・サービスの購入量を少なくするが，逆に価格が低ければ，ある特定の財・サービスを多数購入し，需要者の満足を大きくするように行動するということであり，価格と数量が逆方向に動くことを示している。したがって需要曲線は右下がりの曲線となる。
- **効用**
 効用（Utility）とは，個人がある特定の財・サービスを消費することから得られる満足のことである。効用には，ある特定の財・サービスを消費することから得られる効用全体の大きさを表す総（全部）効用（Total Utility：TU）と消費を1つ増やすことから得られる効用の追加部分を表す限界効用（Marginal Utility：MU）の2種類ある。
- **需要の価格弾力性**
 需要の価格弾力性とは，価格の変化率（%）に対する需要量の変化率（%）のことである。需要の価格弾力性が1を越えると弾力的（弾力性が大きい），1を下回ると非弾力的（弾力性が小さい）と呼ばれる
- **消費者余剰**
 消費者余剰（Consumaer's Surplus）とは，ある特定の財・サービスの購入により，需要者が実際に支払った金額より，多く得られた余分の効用であり，支払う意思があるにもかかわらず，支払わないで得た消費者の利益（効用）のことである。

需要と供給について

　経済学の教科書には，最初に**需要**（Demand）と**供給**（Supply）という用語が出てくる。経済学を学ぶ際には，まず需要と供給が何を意味しているか，さらにその使い方を十分に理解する必要がある。なぜなら，経済学の分析は，需要と供給に始まり，需要と供給で終わるといっても過言でないからである。

　需要と供給の意味は，需要とは消費者（家計）が購入したいと考えている，あるいは実際に購入する数量のことであり，供給とは生産者（企業）が販売したいと考えている，あるいは実際に販売する数量と考えてよいだろう。

　たとえば，企業は消費者に財（具体的なかたちを持ち，見・触れることができるもの：Goods）とサービス（具体的なかたちを持たないし，見・触れることもできない：Service）を提供しているという意味では，供給者であるが，原材料や電気・ガス等を購入するという意味では，これらの需要者でもある。また消費者は財・サービスを購入するという意味では，需要者であるが，自分の労働を企業に売るという意味では供給者である。したがって，現実の経済社会では，経済主体はただ1つだけの役割を果たしている存在とみなすことはできないのである。

　経済学に登場する経済活動をする主体は，言い換えると経済主体は，通常，消費者あるいは家計（Household），生産者あるいは企業（Firm），政府（Government）の3者である。上記のように，経済主体はただ1つの役割を果たしているのではなく，需要者であるとともに供給者でもある。経済学的には，家計は消費主体であり，自己の満足（経済用語では効用：Utility）の最大化を図る経済主体である。企業は生産主体であり，自己の利益（経済用語では利潤：Profit）の最大化を図る経済主体である。さらに政府は経済主体間の調整を主な役割としており，全国民の福利（Welfare）の向上を目的としている。

　さて，各経済主体間の需要と供給は市場（Market）において出会うことになる。市場における需要と供給は同一平面に描くことができる。この平面上で需要と供給の両者が一致することにより，価格が決まり，購入あるいは販売する数量が決まる。ただし，ここでいう価格や数量は広義に考えなければならない。

すなわち対象とする品物が，われわれが通常購入するものであれば，価格は単に○○円，数量は○個，○トン等と考えてもよいが，たとえば，労働を対象とした場合には，価格は賃金であり，数量は労働者数（人）となり，失業を対象とした場合には，価格は失業率となる。また資金の場合には，価格は利子率であり，数量は資金量となる。さらに，日本の通貨（¥）と外国通貨（$，€等）の交換の場合には，価格が為替レートとなる。このように，対象とする品物により，価格や数量が異なる名称で呼ばれることになる。

需要と供給は，縦軸に価格（Price：P），横軸に数量（Quantity：Q）とした直線上に示すことができる。それでは，具体的に需要と供給を示してみよう。図2-1にあるように，縦軸には価格，横軸には数量が示される。ただし，ここでの価格，数量は，上記に述べているように，対象とする財・サービスにより，広義に解釈しなければならない。

図2-1の需要曲線は，ある特定の財・サービスの価格と需要量の関係を示しており，この図では右下がりの直線として描かれている。また供給曲線はある特定の財・サービスの価格と供給量の関係を示している。需要曲線，供給曲線は図では，便宜上，直線として描いているが，曲線として示しても構わない。需要曲線と供給曲線が交差した点は**均衡**（Equilibrium）**点**と呼ばれ，この点から消費者と生産者の両者が同時に満足できる価格と数量を決まる。均衡点を水平に伸ばしたときの縦軸の価格が均衡価格（P^E）と呼ばれ，また均衡点を垂直に伸ばしたときの横軸の数量は均衡数量（Q^E）と呼ばれる。経済学では，

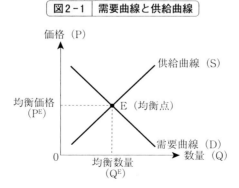

図2-1　需要曲線と供給曲線

通常，財・サービスの購入と販売は，需要曲線と供給曲線の一致した点の価格（均衡価格）と数量（均衡量）で行われると教える。

 ## 需要曲線について

需要曲線を関数として示せば，
Q=D(P) と示される。

Qは需要量，D(・)は関数，Pは価格を示している。すなわち，需要量は価格の変化とともに変化する（価格の関数）。この方程式は，ある特定の財・サービスの価格と数量だけを対象とし，**その財・サービスの価格と数量以外の他の条件が一定**（Other things being equal あるいは *cetiris paribus*）と想定した時の関数である。

もし，価格以外の他の条件を加えるとすれば，
Q=D（P,P*,Pd,W,Y,T,…）と示される。

ある特定の財・サービスの価格と数量以外の条件，ここでは，P*はある特定の財と関係する財（代替財，補完財）の価格，Pdは人口，Wは天候，Yは所得，Tは人々の嗜好等であり，これらが変化すれば，需要量が変化することを表している。

代替財はコメとパン，コーヒーと紅茶等のように，片方の財がなくてももう一方を消費することにより同様の満足が得られる財同士の関係を示している。たとえば，10円硬貨と100円硬貨，50円硬貨と500円硬貨，100円硬貨と1000円札のように交換されるときの割合が決まっている場合には，完全代替財と呼ばれる。

補完財はコーヒーとミルク（あるいは砂糖），紅茶とレモン等のように，片方がなければもう一方が消費できないような財同士の関係である。たとえば，右の靴と左の靴のように，その割合が決まっている場合には，完全補完財と呼ばれる。

このように需要関数は（　）内に，需要量が影響を受ける様々な条件を示すこともできる。

ところで，図2-2で示されているように需要曲線は，なぜ右下がりなので

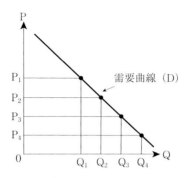

図2-2 需要曲線

あろうか。

　需要曲線は，ある特定の財・サービスの価格が高ければ，需要する人は少ないが，価格が低ければ，需要する人は多いということを示している。**図2-2**では，価格と数量の関係は，価格がP_1のときには需要量はQ_1，価格がP_2のときには需要量はQ_2，価格がP_3のときには需要量はQ_3，価格がP_4のときには需要量はQ_4となる。需要者は，価格が高ければ，財・サービスの購入量を少なくするが，逆に価格が低ければ，財・サービスを多数購入し，需要者の満足を大きくするように行動するということである。つまり**価格と数量が逆方向に動く**ということである。これは**需要の法則**（Law of Demand）と名付けられている。つまり，需要曲線は，需要の法則により右下がりの曲線となる。

　つぎに，この需要曲線の高さの意味を考えてみよう。需要曲線の高さは，以下の3つの意味を示している。

1. ある特定の財・サービスの**価格と数量の関係**を示している。
2. 需要者が**支払う最大の金額**を示している。
3. 需要者が購入する財・サービスから**得られる満足（効用）の大きさ**を示している。

　1は，**図2-3-1**に示しているように，ある特定の財・サービスの価格の変化とともに数量がどのように変化するかを示しており，たとえば，価格がP_1の時には数量はQ_1，P_2の時には数量はQ_2，P_3の時にはQ_3という具合である。見方を変えると数量の変化がどのように価格を変化させるかを示している。

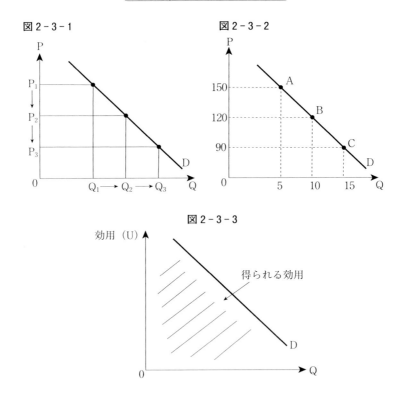

　2は，**図2-3-2**に示しているように，需要者は数量に対応する価格以下で特定の財・サービスを購入するが，それ以上に高い価格では決して購入することはないということである。**図2-3-2**に示すように，需要者は需要曲線上の価格あるいは曲線内部（需要曲線の左側あるいは下側）の価格で財・サービスを購入するが，需要曲線上より高い（需要曲線の右側あるいは上側）の価格で，決して購入しないことを意味している。たとえば，A点（数量5の点）で見るなら価格が150以下では購入するが，151以上の価格では決して購入することはないのである。同様に，B点（数量10の点）では価格が120以下では購入するが，121以上では購入しない。C点（数量15の点）では価格が90以下では購入するが，91以上では購入しないのである。

3は，図2-3-3に示しているように，縦軸は価格ではなく需要者の満足（効用）の大きさを示すということである。すなわち，需要曲線の縦軸は価格だけではなく，需要者がある特定の財・サービスを購入することから得られる満足（効用）を示しているのである。したがって，需要曲線と横軸にはさまれた空間は需要者が得る効用の大きさと見なすことができる。要するに図2-3-3に示すように，需要曲線上の各点は，ある特定の財・サービスを購入することによって得られる効用の最大値を示しており，需要曲線と縦軸，横軸に挟まれた部分は得られる効用の総計を示している。

ここで，少し，効用について見てみよう。

効用（Utility）とは，個人が財・サービスを消費することから得られる満足のことである。図2-4に示すように，効用には，財・サービスを消費することから得られる**効用全体の大きさを表す総（全部）効用**（Total Utility：TU）と消費を1つ増やすことから得られる**効用の追加部分を表す限界効用**（Marginal Utility：MU）の2種類ある。

経済学で注目されるのは，総効用ではなく，限界効用である。限界効用には，消費量の増減にともない限界費用が増減する現象を示す3つの法則がある。通常よく用いられるのは，消費量が増加するとともに限界効用がどんどん減少するという**限界効用逓減の法則**（Law of Diminishing marginal Utility）である。たとえば，のどが乾いたとき，コップ1杯目の水は非常においしいが，コップ2杯目，3杯目，4杯目…と水を飲み続ければ，おいしさがどんどん減少してい

図2-4　総効用と限界効用

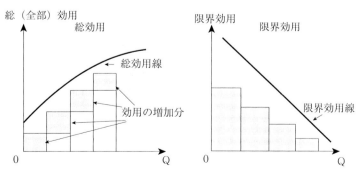

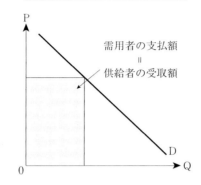

き,最終的には水を飲むことが苦痛になる。この状態は,ある特定の財・サービスを消費する際に,普通に起こると考えられる。これに対して,消費量が増加するとともに限界効用がどんどん増加するという**限界効用逓増の法則**(Law of Increasing marginal Utility)がある。特定の品物だけを収集するコレクターのように,集める品物が多くあるいは高価になるにつれ,限界効用がどんどん増加することを示している。さらに,貨幣のように,貨幣の総量や金額ではなく,つねに貨幣の額面に応じた限界効用を得るという限界効用が一定量で増減するということもある。

ところで,**図2-5**に示すように,需要曲線で示されている需要者の支払額は,同額を供給者が受け取ることができるということで,供給者の受取額を示している。

3 需要量の変化,需要の変化

需要曲線の変化は,**需要量の変化(需要曲線上の変化)**と**需要の変化(需要曲線のシフト)**の2つに分けられる。

需要量の変化とは,需要曲線上の移動のことである。先の式 $Q=D(P)$ で示されている直線上の変化を表している。たとえば,**図2-6**で示すように,A点からB点,B点からC点,C点からD点,あるいはC点からA点,D

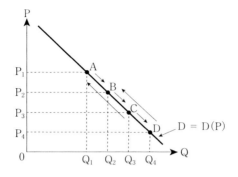

図2-6 需要量の変化

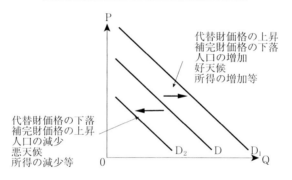

図2-7 需要の変化(需要曲線のシフト)

点からB点のように直線上の点から点への変化である。すなわち、需要量の変化は需要曲線上を需要の法則にしたがって価格と数量が変化することである。

これにたいして、需要の変化とは、需要曲線の移動(需要曲線のシフト)のことである。先の式 $Q = D(P, P^*, Pd, W, Y, T, \cdots)$ のP以外の条件が変化することにより需要曲線そのものが上下あるいは左右に移動することである。たとえば、**図2-7**で示すように、P^* はある特定の財と関連する他の財(代替財、補完財)の価格、Pdは人口、Wは天候、Yは所得、Tは人々の嗜好等が変化することにより、需要曲線が上下あるいは左右に移動する。補完財の価格の低下、代替財の価格の上昇、人口の増加、良い天候、所得の増加、人々がその財を好むようになれば、需要曲線は上あるいは右へ移動する($D \rightarrow D_1$)。この逆の

場合には，需要曲線は下あるいは左へ移動する（D → D_2）。つまり，需要の変化は，需要の法則にしたがって変化するわけではない。

 ## 需要曲線と財の性質

需要曲線の形状（傾き）は何を示しているのであろうか。

需要曲線の形状は**需要の価格弾力性**によって示すことができる。需要曲線はある特定の財・サービスの価格と数量の関係を示したものであるから，価格と数量の関係を示した需要の価格弾力性は需要曲線の形状やある特定の財・サービスの性質を示すことができるのである。つまり**需要の価格弾力性は，需要曲線の形状を示すとともに，需要される財・サービスの種類を示すことができる**。

需要の価格弾力性とは，式2-1に示すように，**価格の変化率（％）に対する需要量の変化率（％）**のことである。

式2-1　需要の価格弾力性

$$需要の価格弾力性 = -\frac{需要量の変化率}{価格の変化率} = -\frac{\frac{変化した需要量}{もとの需要量}}{\frac{変化した価格}{もとの価格}}$$

$$= -\frac{\frac{もとの需要量 - 新しい需要量}{もとの需要量}}{\frac{もとの価格 - 新しい価格}{もとの価格}}$$

たとえば，需要曲線上の変化，価格が100から80に変化したとき，数量が80から100に変化したとすれば，もとの価格が100であり，変化した価格がマイナス20となり，価格の変化率は，変化した価格をもとの価格で割ったものであらわされるため，マイナス0.2となり，もとの数量が80であり，変化した数量が20であるため，数量の変化率は，変化した数量をもとの数量で割った値であらわされるため，0.25となる。両者より，需要の価格弾力性は1.25となる。

図2-8に示すように，需要曲線は**需要の価格弾力性が1を越えると弾力的（弾力性が大きい），1を下回ると非弾力的（弾力性が小さい）**と呼ばれる。

需要の価格弾力性が1を越える弾力的（弾力性が大きい）需要曲線によって

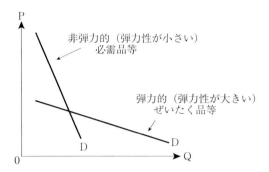

図2-8　需要の価格弾力性

示される財・サービスとしては，価格の変化に伴い需要量が大きく変化するものが考えられる。たとえば，嗜好品，奢侈品（ぜいたく品）等である。また需要の価格弾力性が1を下回る非弾力的（弾力性が小さい）需要曲線によって示される財・サービスとして考えられるものは，価格の変化に伴い需要量がほとんど変化しないものである。たとえば，人間の生存に必要な食糧等の必需品等がそれにあたる。

このように需要曲線の形状によって需要する財・サービスの種類を区分することができる。

なお需要の価格弾力性の分母，価格を所得に変えれば，需要の所得弾力性として示すことができる。

ところで，同一曲線上でも需要の価格弾力性の数値は異なる。式2-1を変化させると

式2-2　直線の需要の価格弾力性

$$需要の価格弾力性 = -\frac{\frac{変化した需要量}{もとの需要量}}{\frac{変化した価格}{もとの価格}} = -\frac{変化した需要量}{変化した価格} \times \frac{もとの価格}{もとの需要量}$$

$$= -\,需要曲線の傾きの逆数 \times \frac{もとの価格}{もとの需要量}$$

となり，需要曲線の傾きと各点の価格と数量によって，需要の価格弾力性が示

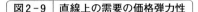

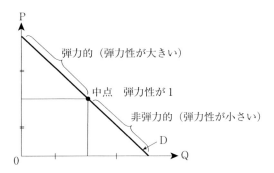

すことができる。

　図 2-9に示すように，中点では需要の価格弾力性が 1 となり，中点より上（左）では弾力性が 1 より大きく（弾力的）となり，中点より下（右）では弾力性が 1 より小さく（非弾力的）となる。

 個別の需要曲線と社会全体の需要曲線

　ここまで，分析の対象とした需要曲線は，個人の需要曲線である。社会全体の需要曲線は個人の需要曲線を総計したものである。

　社会全体の需要曲線は，**図 2-10**で示すように，価格 P_1 のところの個人の需要量 a，b，c，…を水平方向に加えた（個人の需要量を横に加えた）ものである。そのため個々人の需要曲線がどのような形になろうとも，社会全体の需要曲線は比較なだらかな曲線として示される。

 消費者余剰

　需要曲線は，需要曲線の高さの意味のところでも述べたように，縦軸は需要者の効用の大きさを示している。つまり，縦軸の価格を効用と表記することにより，需要曲線で効用も示すことができる。

　需要者はある特定の財・サービスを購入した時，それに支払った金額と同様

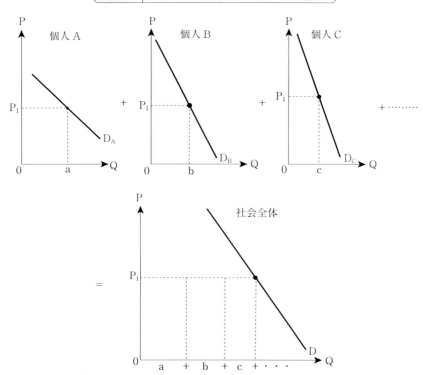

図2-10 個別の需要曲線と社会全体の需要曲線

の効用を得ているのだろうか。否，需要者は支払った金額以上の効用を得ている。なぜ，需要者が購入するのかという疑問についての答えはここにある。すなわち，需要者は財・サービスを購入することにより，支払う金額以上の効用をつねに得ているということである。

消費者余剰（Consumer's Surplus）は，**支払う金額以上に得られる効用の大きさを示している**。図2-11で示しているように，台形P_1AQ_10は需要者が得る総効用であり，四角形P_2AQ_10は需要者が実際に支払った金額であり，三角形P_1AP_2は需要者が財・サービスを購入することにより得られる余分の効用ということになる。

ここで，消費者余剰を定義すると，財・サービスの購入により，需要者が実際に支払った金額より，多く得られた余分の効用ということになる。言い方を

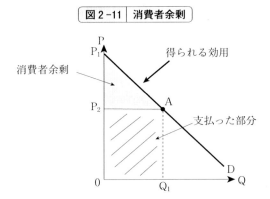

図2-11 消費者余剰

変えるならば，**支払う意思があるにもかかわらず，支払わないで得た消費者の利益**のことである。

第3章

供給

キーワード

・**供給曲線**
　供給曲線は，ある特定の財・サービスの価格と数量の関係，あるいはある特定の財・サービスの生産にかかる費用の大きさを示している。

・**供給の法則**
　供給者は価格が安ければ，ある特定の財・サービスを少数しか提供しないが，価格が高ければ大量に提供して，供給者の利益を大きくするように行動するということであり，価格と数量が同一方向に動くことを示している。供給曲線は右上がりの曲線となる。

・**費用**
　費用は，生産に要したすべての費用を表す総費用（Total Cost：TC），電気・光熱費，賃金，原材料費のように生産の増減とともに変化する費用を表す可変費用（Variable Cost：VC），生産の有無にかかわらずかかる費用を表す固定費用（Fixed Cost：FC），製品1つ当たりの総費用を表す平均費用（Average Cost：AC），製品1つ当たりの可変費用を表す平均可変費用（Average Variable Cost：AVC），製品1つ当たりの固定費用を表す平均固定費用（Average Fixed Cost：AFC），さらに最後に作られた製品にかかった費用を表す限界費用（Marginal Cost：MC）から構成されている。

・**供給の価格弾力性**
　供給の価格弾力性とは，価格の変化率（％）に対する供給量の変化率（％）のことである。供給の価格弾力性が1を越えると弾力的（弾力性が大きい），1を下回ると非弾力的（弾力性が小さい）と呼ばれる。

・**生産者余剰**
　生産者余剰（Produce's Surplus）とは，財・サービスの販売により，供給者が実際に生産に要した費用より，多く得られた余分の売上高であり，財・サービ

スの販売から得られる生産者の利益のことである。
・余剰分析
　余剰分析は，消費者余剰と生産者余剰の合計である総余剰（Total Surplus）の増減から社会全体の福利の増減，消費者余剰，生産者余剰それぞれの増減により，それぞれが得る利益あるいはこうむる不利益の大きさを分析する。

供給曲線について

　供給曲線を関数として示せば，
　Q＝S（P）と示される。
　Qは供給量，S（・）は関数，Pは価格を示している。すなわち，供給量は価格の変化とともに変化する（価格の関数）。この方程式は，ある特定の財・サービスの価格だけを対象とし，**ある特定の財・サービスの価格や数量以外の他の条件が一定（Other things being equal あるいは *ceteris paribus*）** と想定した関数である。
　もし，ある特定の財・サービスの価格以外の他の条件を加えるならば，
　Q＝S（P,M,w,s,t,…）と示される。
　ある特定の財・サービスの価格以外の条件，ここでは，Mはある財の原材料の価格，wは従業員等の人件費，sは生産者の数，tは技術進歩等が変化し，ある特定の財・サービスの供給量が変化することを表している。
　さて，**図3-1**で示されているように供給曲線は，なぜ右上がりなのであろうか。
　供給曲線は，ある特定の財・サービスの価格が高ければ，供給量が多くなるが，価格が低ければ，供給量が少ないということを示している。図3-1で示しているように価格がP_1のときにはQ_1，価格がP_2のときにはQ_2，価格がP_3のときにはQ_3，価格がP_4のときにはQ_4という具合である。供給者は価格が安ければ，ある特定の財・サービスを少数しか提供しないが，価格が高けれ

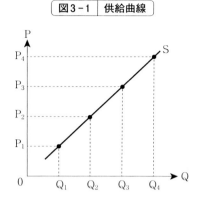

図3-1 供給曲線

ば大量に提供して，供給者の利益を大きくするように行動するということである。つまり**価格と数量が同一方向に動く**ことを示している。これは**供給の法則**（Law of Supply）と名付けられている。すなわち供給曲線は，供給の法則により右上がりの曲線となる。

供給曲線の高さの意味を考えてみよう。供給曲線の高さは，以下の2つの意味を示している。

1．ある特定の財・サービスの**価格と数量の関係**を示している。
2．ある特定の財・サービスの生産にかかる**費用の大きさ**を示している。

1は，**図3-2-1**に示しているように，ある特定の財・サービスの価格の変化とともに数量がどのように変化するかを示しており，見方を変えると数量の変化がどのように価格を変化するかを示している。

2は，**図3-2-2**に示しているように，供給者はある特定の財・サービスの生産をそれぞれに対応した費用で行うが，それ以上の高い費用では決して生産することはないということを示している。つまり供給者は供給曲線上あるいは曲線内部の費用である特定の財・サービスを生産するが，供給曲線上より高い費用では，決して生産しないことを意味している。

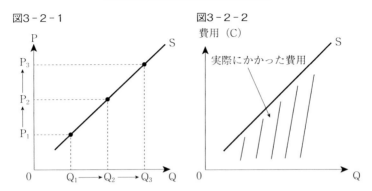

2 供給量の変化，供給の変化

供給曲線の変化は，**供給量の変化（供給曲線上の変化）** と **供給の変化（供給曲線のシフト）** の2つに分けられる。

供給量の変化とは，供給曲線上の移動のことである。先の式 Q＝S(P) で示した直線上の変化を表している。たとえば，**図3-3** に示すように，A点からB点，B点からC点，C点からD点，あるいはC点からA点，D点からB点のように直線上の各点から各点への変化である。すなわち，供給量の変化とは供給曲線上を供給の法則にしたがって価格と数量が変化することである。

これにたいして，供給の変化とは，供給曲線の移動（供給曲線のシフト）のことである。先の式 Q＝S (P,M,w,s,t,…) のP以外の条件が変化することにより供給曲線が上下あるいは左右に移動することである。たとえば，**図3-4** で示すように，Mはある財の原材料の価格，wは従業員等の人件費，sは生産者の数，tは技術進歩等の変化によって，供給曲線が上下あるいは左右に移動する。原材料の価格の低下，従業員等の人件費の減少，生産者の増加，技術進歩等が発生した場合，また租税が下がれば（減税），供給曲線は下あるいは右へ移動する。この逆の場合には，供給曲線は上あるいは左へ移動する。つまり，供給の変化は供給の法則にしたがって変化するわけではない。

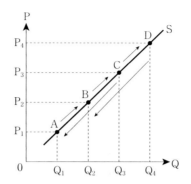

図3-3 供給量の変化

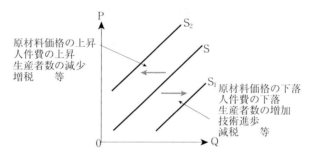

図3-4 供給の変化(供給曲線のシフト)

3 供給曲線と財の性質

　供給曲線の形状(傾き)は何を示しているのであろうか。

　供給曲線の形状は**供給の価格弾力性**によって示すことができる。供給曲線は価格と数量の関係を示したものであるから，価格と数量の関係を表す供給の価格弾力性は形状を示すことができる。また**供給の価格弾力性は，供給曲線の形状を示す**とともに，供給される財・サービスの種類を示すことができる。

　供給の価格弾力性とは，式3-1に示すように，**供給価格の変化率（％）**に

対する供給量の変化率（％）のことである。

式3-1　供給の価格弾力性

$$供給の価格弾力性 = \frac{供給量の変化率}{価格の変化率} = \frac{\dfrac{変化した供給量}{もとの供給量}}{\dfrac{変化した価格}{もとの価格}}$$

$$= \frac{\dfrac{もとの供給量 - 新しい供給量}{もとの供給量}}{\dfrac{もとの価格 - 新しい価格}{もとの価格}}$$

　たとえば，供給曲線上の変化，価格が80から100に変化したとき，数量が80から100に変化したとすれば，もとの価格が80であり，変化した価格が20となり，価格の変化率は，変化した価格をもとの価格で割ったものであらわされるため，0.25となり，もとの数量が80であり，変化した数量が20であるため，数量の変化率は，変化した数量をもとの数量で割った値であらわされるため，0.25となる。両者より，供給の価格弾力性は1となる。

　図3-5に示すように，**供給の価格弾力性が1を越えると弾力的（弾力性が大きい），1を下回ると非弾力的（弾力性が小さい）**と呼ばれる。

　供給の価格弾力性が1を越える弾力的（弾力性が大きい）な供給曲線によって示される財・サービスとしては，供給価格の変化に伴い供給量が大きく変化

図3-5　供給の価格弾力性

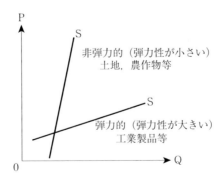

するものが考えられる。供給の価格弾力性が∞の場合の財・サービスは，価格が変化しないにもかかわらず，供給量が大きく変化するものである。たとえば，工業製品，缶詰等のように保存ができ，いつでも供給できる財である。また供給の価格弾力性が1を下回る非弾力的（弾力性が小さい）な場合，極端に供給価格弾力性が0の場合の財・サービスとして考えられるものは，供給量が一定であるため，価格が大きく変化するものである。たとえば，土地，保存のできない農作物や食料品，あるいは骨董品等がそれにあたる。

このように供給曲線の形状によって財・サービスの種類を区分することができる。

4 費用の概念

経済学で使う費用は，実際に生産に要した費用に，費用を支出するにあたっていくつかの選択肢1つを選択するが，**選択されなかった支出から得られる最大の利益を示した機会費用**（Opportunity cost）を加えた広い概念である。たとえば大学進学の機会費用とは，大学進学を行わず，その費用を他の用途に使い，そこから得られると考えられる最大の収入のことである。

したがって，経済学で用いる費用とは，一般的に使われている費用より広い概念ということができる。

ところで，費用には，**表3-1**で示すように，いくつかの種類がある。**総費**

表3-1　費用の概念

総費用	費用全体	可変費用＋固定費用
可変費用	生産量とともに変化	総費用－固定費用
固定費用	生産量の変化にかかわらず一定	総費用－可変費用
平均費用	単位当たりの費用	総費用／総生産量
平均可変費用	単位当たりの可変費用	可変費用／総生産量
平均固定費用	単位当たりの固定費用	固定費用／総生産量
限界費用	生産量が増加（1つ）したときの増加した費用	総費用の増加分／総生産量の増加分

用（Total Cost：TC）は生産に要したすべての費用である。**可変費用**（Variable Cost：VC）は電気・光熱費，賃金，原材料費等のように**生産の増減とともに変化する費用**のことである。**固定費用**（Fixed Cost：FC）は**生産の有無にかかわらずかかる費用**のことであり，土地の地代，資本のレンタル料等のことである。ただし，機械・設備等がつねに変化するという長期においては，固定費用はないと考えられるため，すべての費用が可変費用となる。

さらに，**平均費用**（Average Cost：AC）は**製品1つ当たりの総費用**であり，これは**平均可変費用**（Average Variable Cost：AVC）と**平均固定費用**（Average Fixed Cost：AFC）の2つに分けられる。前者は**製品1つ当たりの可変費用**であり，後者は**製品1つ当たりの固定費用**である。**限界費用**（Marginal Cost：MC）は**最後に作られた製品にかかった費用**のことである。

図3-6-1には，固定費用が存在する場合の短期の総費用，固定費用，可変費用の関係が示してあり，**図3-6-2**には，固定費用が存在しない長期の場合には総費用線と可変費用線が一致することを示している。

総費用曲線から平均費用（平均可変費用＋平均固定費用）や限界費用を求めることができる。**図3-7**で示すように，総費用線の各点と原点とを結んだ直線の傾きが平均費用である。長期の場合は，**図3-6-2**にあるように，総費用曲線が原点から描かれるため，平均費用と平均可変費用が一致する。総費用曲線の各点と縦軸の切片（ここではA）を結んだ直線の傾きが平均可変費用で

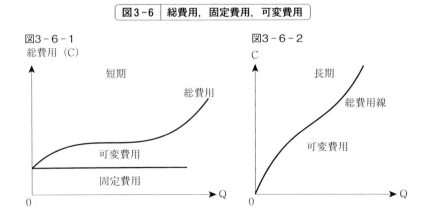

図3-6 総費用，固定費用，可変費用

図3-7　総費用，平均費用，限界費用

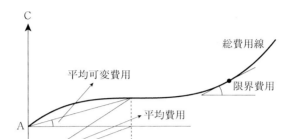

ある。固定費用線の各点と原点を結んだ直線の傾きが平均固定費用である。さらに，総費用線上の各点の接線の傾きが限界費用である。

生産量の増加に伴い費用が増減する現象を3つの法則に分けて把握することができる。

最初は，**費用逓減の法則**である。**生産量の増加とともに，生産する費用がどんどん減少する**ことである。たとえば，生産設備の稼働率が100%以下の状態では，稼働率を100%に近づけることにより，生産量が増大するとともにその費用が減少する。またある一定の土地で農夫が1人で農作業するより，農夫を増やせば，生産量が増大するとともに農夫1人当たりの費用が減少するということである。

次は，**費用逓増の法則**である。**生産量の増加とともに，生産する費用がどんどん増加する**ということである。たとえば，生産設備の稼働率が100%の場合，それ以上に生産量を増加できないため，生産設備に従事する労働者を増やせば，1人当たりの生産量が減ることになり，生産量当たりの費用がどんどん増加することになる。同様のことは農地についてもいえる。

最後は，**費用一定（固定）の法則**である。**生産量の増加（減少）と同じ割合で，費用が増加（減少）する**ということである。

図3-6-1，図3-6-2や図3-7で示した総費用曲線は途中まで，費用逓減の法則が作用し，それ以上生産量が増加するにつれて，費用逓増の法則が作

用することが示されている。つまり、総費用曲線は逆S字形の形状になる。

売上＝費用＋収益の関係から、**費用逓減の法則は収益逓増の法則に、費用逓増の法則は収益逓減の法則に、費用一定（固定）の法則は収益一定（固定）の法則に対応している。**

加えて、収穫の法則がある。**収穫逓減の法則**は、生産にとって必要なさまざまな生産要素のうち、たとえば労働という１つの**生産要素だけをどんどん増加すれば、収穫量がどんどん減少する**ことを表している。**収穫逓増の法則**は、生産にとって必要なさまざまな生産要素のうち、たとえば資本（機械）という１つの**生産要素だけを次々に増加すれば、収穫量がどんどん増加する**ことを表している。さらに、**収穫固定（一定）の法則**は、生産にとって必要なさまざまな生産要素のうち、１つの**生産要素だけを増加（減少）すれば、収穫量が同じ割合で増加（減少）する**ことを表している。

すべての生産要素を同時に増減した場合、収穫の法則は規模に関する収穫の法則としてあらわすことができる。規模に関する収穫の法則も、**規模に関する収穫逓減の法則、規模に関する収穫逓増の法則、規模に関する収穫固定（一定）の法則**の３つがある。

 ## 各生産者の供給曲線と社会全体の供給曲線

ここまで、分析の対象とした供給曲線は、各生産者の供給曲線である。社会全体の供給曲線は各生産者の供給曲線を総計したものである。

社会全体の供給曲線は、**図３−８**で示すように、価格 P_1 のところの個人の供給量 a, b, c, …を水平方向に加えたもの（個人の供給量を横に加えた）である。そのため個々人の供給曲線がどのような形になろうとも、社会全体の供給曲線は比較的なだらかな曲線として示される。

 ## 生産者余剰

供給曲線は、供給曲線の高さの意味のところでも示したように、供給者が生産に要した費用の大きさを示している。

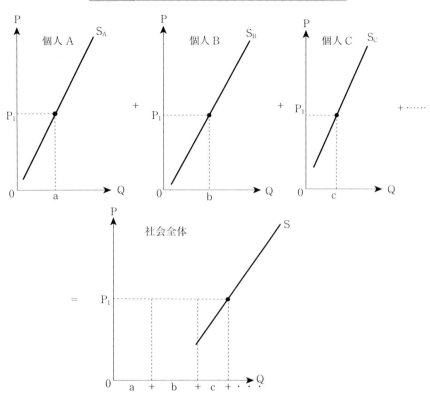

図3-8 各生産者の供給曲線と社会全体の供給曲線

　生産者は、ある特定の財・サービスを販売した際、生産に要した費用だけを得ているのだろうか。否、供給者はある特定の財・サービスを販売したとき、その生産に要した費用以上の金額を得ている。供給者が、なぜ、交換活動をするのかについての原因がここにある。すなわち、供給者は財・サービスを販売することにより、生産に要した費用以上の金額をつねに得ているのである。

　生産者余剰（Produce's Surplus）**は、生産に要した費用以上に得られる金額（利益）の大きさを示している**。図3-9で示しているように、四角形 P_1AQ_10 は供給者が得る総売上高であり、三角形 AQ_10 は生産に要した費用であり、三角形 P_1A0 は供給者が財・サービスを販売することにより得られる余分の利益ということになる。

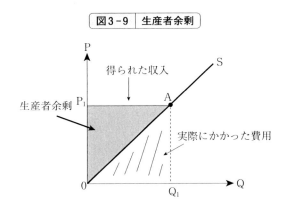

図3-9　生産者余剰

　ここで，生産者余剰を定義すると，ある特定の財・サービスの販売により，供給者が実際に生産に要した費用より，多く得られた余分の売上高ということになる。言い方を変えるならば，**ある特定の財・サービスの販売から得られる生産者の利益**のことである。

　前章で示した消費者余剰と生産者余剰を分析道具としたのが**余剰分析**である。余剰分析では，消費者余剰と生産者余剰の合計である総余剰の増減から社会全体の福利の増減がわかり，消費者余剰，生産者余剰それぞれの増減により，それぞれが得る利益あるいはこうむる不利益の大きさがわかる。図3-10に示すように，縦軸と需要曲線Dと供給曲線Sに挟まれた部分が余剰を表している。三角形P_1EP_2は消費者余剰を三角形P_3EP_1が生産者余剰を示して，両者の合計三角形P_2EP_3が総余剰を表している。

　図3-11に示すように，需要曲線が右（上）にシフトした場合（DからD_1）は，消費者余剰が三角形P_2EP_4から三角形$P_1E_1P_3$へと増加し，生産者余剰も三角形P_4E0から三角形P_3E_10へと増加し，さらに総余剰も三角形P_2E0から三角形P_1E_10へと増加する。もし需要曲線が左（下）へシフトした場合には，消費者余剰，生産者余剰さらに総余剰が減少する。この場合の**総余剰の減少部分**は，**デッドウェイト・ロス（死荷重）**と呼ばれる。

　もし供給曲線が右（下）にシフトした場合には，消費者余剰が増加し，生産者余剰も増加し，さらに総余剰も増加する。また，供給曲線が左（上）へシフトした場合には，消費者余剰，生産者余剰さらに総余剰が減少する。

図 3-10 余剰分析

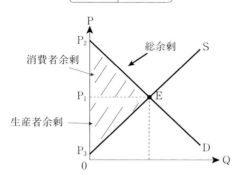

図 3-11 需要曲線のシフトと余剰分析

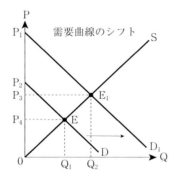

第 4 章

市場

キーワード

・完全競争市場
　完全競争市場は①売り手，買い手が多数，②財・サービスが同質，③情報が完全，④参入，退出が自由，という4つの条件がすべて満たされたときに成立する。完全競争市場において，すべての経済主体（消費者，企業）はプライス・テイカー（価格受容者）として行動する。

・不完全競争市場
　市場において，ある財を供給する企業が1つしかない状態が独占である。独占市場は，完全競争市場とは正反対の市場である。また，市場において，供給者である企業の数が少ない状態が寡占であり，寡占の中でも市場に企業の数が2つに限定されているのが複占である。これらの市場において，企業はプライス・メイカー（価格設定者）として行動する。独占や寡占は，消費者にとって弊害をもたらす。

・均衡価格
　需要曲線と供給曲線，2つの曲線の交点は，需要と供給が一致している点である。価格が安定しているこの点を均衡点と呼び，この価格を均衡価格と呼ぶ。均衡点は，均衡を意味する英語の Equilibrium の頭文字をとって E で表される。売りたい人の方が買いたい人よりも多い状態を超過供給と呼ぶ。また，買いたい人の方が売りたい人よりも多い状態は，超過需要と呼ばれる。

・ワルラス的調整過程
　価格調整を中心としたのが，レオン・ワルラスが考えたワルラス的調整過程である。ワルラス調整過程においては，需要量と供給量は価格の変化に速やかに反応する。価格の変化を通して需要と供給が均衡に戻ることをワルラス的安定と言い，均衡への収束が生じない場合をワルラス的不安定と言う。

- マーシャル的調整過程

 数量調整を中心にしたのが，アルフレッド・マーシャルが考えたマーシャル的調整過程である。数量の調整によって市場均衡が成立することをマーシャル的安定と言い，数量調整が需給を均衡させる方向に作用しない場合をマーシャル的不安定と言う。

- クモの巣調整過程

 当初は均衡が点Eから大きく外れていた点から始まり，均衡点Eに向かっていく調整過程は，クモの巣調整過程である。クモの巣調整過程において，均衡点Eに向かっていくのがクモの巣安定と呼ばれ，クモの巣安定になるのは，供給曲線の傾きが需要曲線の傾きよりも急な時である。反対に，クモの巣調整過程において，均衡点Eから遠ざかると均衡は不安定になる。この時の状態はクモの巣不安定と呼ばれる。

1 市場とは

1 完全競争市場と不完全競争市場

 ミクロ経済学において，最も重要な命題は「市場での自由な取引に任せておけば，資源配分の最適性は保証される」と言うものである。ミクロ経済学の最大の課題は，市場の機能と価格メカニズムについて明らかにすることと言っても過言ではない。

 市場と言うと，青果市場や株式市場と言った目に見える形の市場を連想しがちである。市場には，売りたい人と買いたい人が集まり，せり人が価格を決める。ほとんどの商品には目に見える形での市場は存在しないが，この市場のイメージを拡張して一般の財について抽象的な意味での市場を考えることは可能である。

 市場の機能と価格メカニズムを明らかにするのに，ミクロ経済学では**完全競**

争市場を前提として分析を行う。完全競争市場であれば，売りたい人，買いたい人ともに多数なので個々の需要者や供給者が市場価格に影響を与えることはなく，価格は市場全体の需要と供給によって決まるからである。**完全競争市場**は①**売り手，買い手が多数**，②**財・サービスが同質**，③**情報が完全**，④**参入，退出が自由**，という4つの条件がすべて満たされたときに成立する。

完全競争市場において，すべての経済主体（消費者，企業）は**プライス・テイカー（価格受容者）**として行動する。市場に参加する競争者が数多く，経済主体自身の行動が市場価格に影響を及ぼさないことが前提であった。完全競争市場の4つの仮定が現実に成立しないのは，多くの市場が**独占**や**寡占**，**複占**などの**不完全競争市場**になっているからである。

市場において，ある財を供給する企業が1つしかない状態が独占である。独占市場は，完全競争市場とは正反対の市場である。また，市場において，供給者である企業の数が少ない状態が寡占であり，寡占の中でも市場に企業の数が2つに限定されているのが複占である。これらの市場において，企業は**プライス・メイカー（価格設定者）**として行動する。独占や寡占は，消費者にとって弊害をもたらす。独占や寡占と言った不完全競争市場を知ることで，現実の市場をどのような方向へもっていったらよいかの判断は容易になる。なお，不完全競争市場における企業の行動については第6章で説明される。

2 需要と供給の一致

第2章で導出した需要曲線と第3章で導出した供給曲線を交差させるとどうなるだろうか。経済学は需要と供給に始まり，需要と供給に終わると言われている。経済学にとって，需要曲線と供給曲線は重要な分析ツールであり，「**黄金のクロス**」に例えられる。

数値例に基づき考えてみよう。

パンが1個110円の時に，売りたい人が買いたい人よりも多ければ，売りたくても売れなかった人が値引きをして売ろうとする。価格が下がると，買いたい人が増えて売りたい人が減り，同じ人数になった時には値引きをする人がいなくなる。その結果，価格はそこで安定することになる。

| 表4-1 | 均衡価格・均衡数量 |

	買いたい人	売りたい人
110円	10人	30人
100円	20人	20人
90円	30人	10人

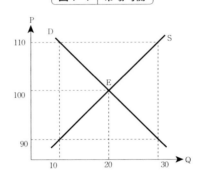

図4-1 市場均衡

　表4-1をグラフにしたのが図4-1である。
　グラフの横軸には数量（Q），縦軸には価格（P）がとられている。需要曲線と供給曲線，2つの曲線の交点は，需要と供給が一致している点である。価格が安定しているこの点を**均衡点**と呼び，この価格を**均衡価格**と呼ぶ。このような状態に均衡という名称がつけられるのは，需給が最終的に落ち着く点が，この均衡点で表される状況に近いものであると考えられているからである。均衡点は，均衡を意味する英語の Equilibrium の頭文字をとって E で表される。
　図4-1において，110円の時は，**売りたい人の方が買いたい人よりも多い状態**である。このような状態を**超過供給**と呼ぶ。超過供給の状態では，売りたい人の中に安売りする人が出てくるので，価格が下がり続ける結果，均衡点 E に向かって調整されていく。90円の時には，**買いたい人の方が売りたい人よりも多い**。この状態は，**超過需要**と呼ばれる。この時は，「91円でも買いたい」と言う人が出てきて価格が上がる。それでもまだ，買いたい人の方が多いので，価格はさらに上がり続け，100円の均衡価格になって初めて安定する。均衡点

においては，全員が満足するために，点Eから動こうとする力は働かない。

3　均衡点の移動

　均衡点は，需要と供給が一致している点であるので，価格を動かそうという力は働かない。しかし，価格が変化すると，需要曲線か供給曲線が動いて，均衡点が移動する。

　需要曲線が右に移動（シフト）するのはどのようなときであるだろうか。アイスクリームの需要を例に考えてみよう（**図4-2**）。

　暑い日が続くと，アイスクリームの需要が増える。このとき，DからD_1へ需要曲線は右へシフトする。需要が増えたことで，売上数量が増えたと同時に価格も上昇する。

　一方，供給曲線が右に移動（シフト）するのはどのようなときであるだろうか。供給曲線の右へシフトは，原材料費の低下や技術進歩などによって引き起こされる。**図4-3**によれば，SからS_1へ供給曲線が右へシフトすると，生産数量が増え，価格は下落する。

　また，需要曲線，供給曲線がシフトした時の均衡点の動き方は，需要と供給の価格弾力性の大きさによって異なる。

　スマートフォンの普及が進み，スマートフォンの需要が増えたケースを考えてみよう。この時，スマートフォンの需要曲線は右にシフトする。供給曲線の

図4-2　需要曲線のシフトと価格・数量の変化

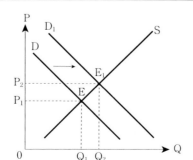

図4-3 供給曲線のシフトと価格・数量の変化

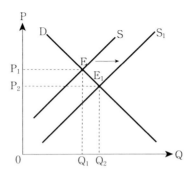

図4-4 需要曲線のシフトと価格・数量の変化（供給の価格弾力性が小さいケース）

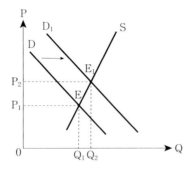

傾きが急である場合，つまり供給の価格弾力性が小さい場合は，価格の下落が大きいが，数量の増加の仕方が小さい（図4-4）。

反対に，供給曲線の傾きが緩やかである場合，つまり供給の価格弾力性が大きい場合は，価格の下落が小さいが，数量の増加の仕方は大きくなる（図4-5）。

技術進歩が起こって，供給曲線が右へシフトしたケースを考えてみよう。需要曲線の傾きが急である場合，つまり需要の価格弾力性が小さい場合は，価格の下落が大きいが，数量の増加の仕方が小さい（図4-6）。

反対に，需要曲線の傾きが緩やかである場合，つまり需要の価格弾力性が大きい場合は，価格の下落が小さいが，数量の増加の仕方は大きくなる（図

図4-5　需要曲線のシフトと価格・数量の変化（供給の価格弾力性が大きいケース）

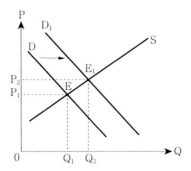

図4-6　供給曲線のシフトと価格・数量の変化（需要の価格弾力性が小さいケース）

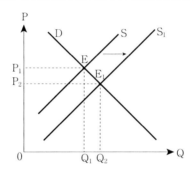

4-7）。

4　豊作貧乏

　豊作貧乏とは，農産物が取れすぎると価格が大幅に下がって，農家の収入（収益）が下がってしまう現象のことである。需要が価格に対してあまり反応しないような財の場合，このような現象がみられる。

　豊作貧乏と呼ばれる現象を需要曲線と供給曲線を用いて説明してみよう（図4-8）。

　需要曲線の傾きがかなり急であること，供給曲線は垂直であることが議論の

図4-7 供給曲線のシフトと価格・数量の変化（需要の価格弾力性が大きいケース）

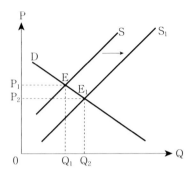

図4-8 豊作貧乏（供給の価格弾力性が完全に非弾力的なケース）

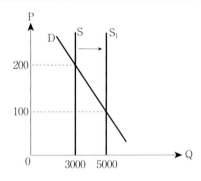

ポイントとなる。

　価格が大きく変化するのは，需要曲線の傾きが関係している。需要曲線の傾きが急であると供給量が増加して供給曲線が右にシフトしたときに，価格が大幅に下落する。需要曲線の傾きが急であるということは，価格が下がっても需要は少ししか増加しないし，価格が上がっても需要は少ししか減少しない。このように，需要が価格にあまり反応しない需要曲線を価格に対して非弾力的な需要曲線と言う。生活必需品のような財の場合がこれに当てはまる。生活必需品は毎日必要なものなので，価格が下がったからと言って購入量を極端に増やすことはないだろうし，価格が上がったからと言って，それなしには生活できないので需要がそれほど落ちることはない。

供給曲線が横軸に対して垂直になっている場合，供給の価格弾力性は**完全に非弾力的**であると説明される。農作物は，種をまけばすぐに収穫できるものではないし，天候によっても収穫量が影響を受ける。そこで，供給量が価格によって変化しない，つまり供給曲線は垂直なものと考える。

さて，**図4-8**で農家の収入がどうなっているかを見てみよう。農家の収入は価格×個数で求められる。前年度の収入は，価格が200円で個数が3,000個なので60万円となる。それに対して，今年度は，豊作によって供給曲線が右へシフトしているので，価格は100円に下落し，個数は5,000個に増加している。収入は50万円となり，前年度よりも収入が減少している。

なお，需要・供給曲線が横軸に対して水平になっている場合，需要・供給の価格弾力性は**完全に弾力的**であると説明される。

5　税が課された時の需要曲線・供給曲線

政府が市場メカニズムに介入すると間接的な影響が生じることが知られている。例えば，ある財の消費に間接税を課すケースを考えてみよう。課税は，公共サービスを提供するための税収の確保が直接的な目的である。しかし，課税は市場価格が変化するという間接的な負担が発生する。

間接税がない場合，ビールの均衡価格はP^Eで均衡数量はQ^Eである（**図4-9**）。

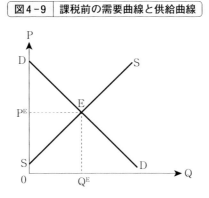

図4-9　課税前の需要曲線と供給曲線

この時，消費者余剰は三角形の面積 P^EDE で表され，生産者余剰は三角形の面積 P^EES で表される。消費者余剰と生産者余剰を足したのがその社会における総余剰となる。総余剰は DES である。

ここで，ビールの販売に1単位当たり T 円の間接税が課されるとしよう。間接税は企業が納税するので，企業にとっては1単位ビールを生産するのに今までよりも T 円多くコストがかかる。限界費用が T 円だけ増加したことと同じであるから，供給曲線は T 円だけ上方にシフトする。新しい均衡点は需要曲線 D と新しい供給曲線 S_1 の交点 F となる（**図 4-10**）。

さて，間接税が課されることで消費者余剰，生産者余剰，税収はどうなるだろうか。ビールの価格が上がると，消費者余剰は P_1FEP^E の面積だけ減少する。間接税の負担は，企業の利潤も減少させる。利潤の減少分は P^EEGP_2 の面積で表される。税収は，P_1FGP_2 で表される。

間接税が課された結果，総余剰は消費者余剰 P_1DF と生産者余剰 P_2GS，そして政府の税収 P_1FGP_2 を足し合わせた面積になる。間接税がない時の総余剰は DES であるので，総余剰は三角形 EFG の面積分だけ減少していることになる。この三角形の面積で表されるのがデッドウェイト・ロス（死荷重）である。デッドウェイト・ロスは，政府が後で間接税収を消費者と企業に還元したとしても相殺できない。

一定の税収を確保するために，デッドウェイト・ロスが小さくなるように課税を行うのが望ましいとするのが**ラムゼイのルール**である。ラムゼイのルール

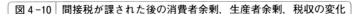

図 4-10 間接税が課された後の消費者余剰，生産者余剰，税収の変化

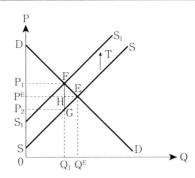

は，**逆弾力性の命題**と**均一税率の命題**の2つからなっている。逆弾力性の命題とは，税収とデッドウェイト・ロスの比率が各財で同じになるように課税することである。この命題では，価格に対して非弾力的な財により高い税率をかけることを主張する。均一税率の命題は，すべての財に対して同じ税率，すなわち均一の税率で課税することである。

　ラムゼイのルールによれば，生活必需品に高い税率をかけて，ぜいたく品に低い税率をかけることが合理的となる。これは，需要の価格弾力性，すなわち需要曲線の傾きから説明できる。

　まず，ぜいたく品のケースでは，ぜいたく品はそもそも価格が高いので，少しの値上がりでも需要が大幅に減ってしまう。ぜいたく品の需要の価格弾力性は大きいので，需要曲線の傾きは緩やかとなる。間接税が課されるということは，価格が税率 T だけ上がることと同じである。すなわち，価格が P^E から P_1 に上昇し，数量は Q^E から Q_1 へ減少する。**図 4-11**によれば，この時，税収は P_1FHP^E で，デッドウェイト・ロスは色のついた三角形の部分（EFH）となる。

　次に，生活必需品のケース（**図 4-12**）では，生活必需品は生活に必要なものなので，価格が上がっても，需要量の減り方は小さい。

　生活必需品の需要の価格弾力性は小さいので，需要曲線の傾きは急である。ぜいたく品の時と同様に，税収は P_1FHP^E で，デッドウェイト・ロスは色のついた三角形の部分となる。デッドウェイト・ロスを表す三角形の面積を比べ

図 4-11　デッドウェイト・ロス（需要の価格弾力性が大きいケース）

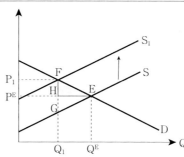

図 4-12 デッドウェイト・ロス(需要の価格弾力性が小さいケース)

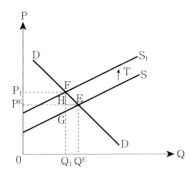

ると、ぜいたく品への課税で生じるデッドウェイト・ロスが大きいことがわかる。逆弾力性の命題から生活必需品に高い税率をかけて、ぜいたく品に低い税率をかけることが合理的となる。

市場均衡と調整過程

1　市場均衡と調整過程

　均衡点から離れるとどのような調整を経て、均衡点へ向かうのだろうか。需要量と供給量が一致している点が均衡点であり、均衡点から離れている状態が不均衡である。前述のように、超過供給や超過需要が生じている時は不均衡が生じているわけだが、どのように調整されるのだろうか。

　価格が均衡点 P^E よりも高い P_1 の時に、需要量は AF で、供給量は AG であるので、FG の超過供給が生じている。超過供給の時には売れ残りが生じており、売れ残りがなくなるまで価格が下がる。反対に、価格が P_2 の時には、需要量が BI、供給量が BH なので、HI の超過需要が生じている。超過需要の時には、物不足が生じており、物不足が解消するまで価格は上昇する(図 4-13)。

　「超過供給があれば価格が下落し、超過需要があれば価格は上昇する」と言う前提は、経済学者であるレオン・ワルラスが考えたので、**ワルラス的調整過**

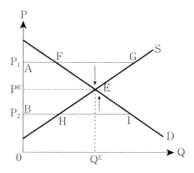

図4-13 ワルラス的調整過程

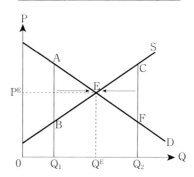

図4-14 マーシャル的調整過程

程と言う。**ワルラス的調整過程においては，需要量と供給量は価格の変化に速やかに反応する**。価格の変化を通して需要と供給が均衡に戻ることを**ワルラス的安定**と言い，均衡への収束が生じない場合を**ワルラス的不安定**と言う。

　数量調整を中心にしたのが，アルフレッド・マーシャルが考えた**マーシャル的調整過程**である。マーシャル的調整過程では，どのようなプロセスで均衡へ向かうかを考えてみよう。ここで，需要者が買ってもよいと考える最も高い価格を需要価格，供給者が売りたい最低価格を供給価格とする。

　図4-14によれば，数量Q_1の時，需要価格＞供給価格の関係が成り立つ。

　需要者が買ってくれる価格は，供給者が最低でもこの価格で売りたいと考えている価格を上回っているので，ABの利益を得ているのと同じである。そこ

で，供給者は増産を行い，供給を増やすため，数量が増加し，均衡数量へ向かう。反対に，数量が Q_2 の時，需要価格＜供給価格の関係が成り立っている。供給者が最低でもこの価格で売りたいとする価格は，需要者が買ってくれる価格を下回っているので，CFの損失を被っているのと同じである。その結果，供給者は減産を行い，供給を減らすため，数量は減少し，均衡数量へ向かうのである。

数量の調整によって市場均衡が成立することを**マーシャル的安定**と言い，数量調整が需給を均衡させる方向に作用しない場合を**マーシャル的不安定**と言う。

最後に，**クモの巣調整過程**について説明する。クモの巣調整過程では，①今期の生産量は変更できず，今期のうちに来季の生産量を決定，②生産者は今期の価格が来期も続くと予想すると仮定する。

当初の生産量が Q_1 と Q^E よりも多かったとする。Q_1 の時の価格は P_1 であるので，当初の状態は点B（Q_1, P_1）と表すことができる。今期のうちに，来期の生産のために種を植えることにする。上記の仮定②より，今期の価格 P_1 は来期も続くことが予想できる。そこで，価格が P_1 の時供給曲線上の点Cの生産量 Q_2 の分だけ種を植える。

1年後，生産量は Q_2 になる。Q_2 の時，価格は P_2 に決まる。来期も P_2 の価格が続くと予想するので，供給曲線上の点Gの Q_3 の分だけ種を植える。さらに1年たつと，Q_3 の生産量になる。2年後の価格は需要曲線上の点H，価格は P_3 に決まる。

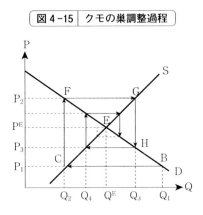

図4-15 クモの巣調整過程

この説明をグラフにしたのが，図 4-15である。

当初は均衡点 E から大きく外れていた点 B から始まり，点 B→点 F→点 H→…のように点 E に向かっていくので，図 4-15は，クモの巣調整過程で安定的であるために**クモの巣安定**と呼ばれる。クモの巣安定になるのは，供給曲線の傾きが需要曲線の傾きよりも急な時である。反対に，クモの巣調整過程において，均衡点 E から遠ざかると均衡は不安定になる。この時の状態は**クモの巣不安定**と呼ばれる。

第 5 章

消費者行動

キーワード

- **効用（Utility）**
  効用とは，消費者が感じる満足の度合いのことを言う。消費者は自分の欲しいと考える財やサービスを入手し，消費することで満足や喜びを感じる。

- **効用最大化原則**
  ミクロ経済学においては，消費者は自分の効用を最大化するように行動するという前提を置く。消費者は，自分の好きな財やサービスをすべて手に入れ，消費できれば効用は最大化できるであろうが，実際には，給料（所得）に制約を受ける中で，効用を最大化するように行動しなければならないことになる。

- **限界効用理論**
  限界効用理論とは効用を基数的可測性を前提として分析する理論である。効用の基数的可測性とは効用を100や200というように数字で測ることが可能であると考える。

- **限界効用（Marginal Utility）**
  限界効用とは，1単位増やした時の効用（満足度）の増加分のことを指す。多くの財で消費量が増加するにつれてだんだんと限界効用が減っていくので，限界効用逓減の法則が成り立つ。

- **加重限界効用**
  加重限界効用とは，1円当たりの限界効用のことで，ある財（X財）の限界効用（MU）をその財の価格（P）で割ると求められる。消費者の効用が最大になっているのは，各財の加重限界効用が等しくなっているときで，加重限界効用均等の法則と呼ばれる。

- **無差別曲線**
  効用の大きさが高いとか低いというように効用の順位をつけることが可能であるとする序数的可測性を前提として，効用の比較を行い，消費者行動の分析を

するのに用いられるのが無差別曲線である。無差別曲線には，次の4つの特徴がある。①右下がりの曲線になること。②原点に対して凸の曲線になること。③右上方へシフトするほど効用が高いこと。④互いに交差しないこと。

・限界代替率

限界代替率とは，xが1単位増えた時に，元の効用に戻るために減らさなければならないyの量であり，無差別曲線の傾きに関係している。無差別曲線が右下がりであるのは，限界代替率がだんだん減っていく限界代替率逓減の法則が関係しているためである。

・最適消費点

買い物をするときには，予算には限りがある。予算の制約を表すのが予算制約線である。予算制約のもとで効用が最大になる消費量の組み合わせが最適消費点である。最適消費点は無差別曲線と予算制約線が接する点Eで決まる。

・上級財（正常財），中立財，下級財

上級財（正常財）とは，所得が増加するとX財の消費量も増加する財である。中立財とは，所得が増加してもX財の消費量はそのままで変わらない財である。下級財（劣等財）とは，所得が増加してもX財の消費量が減少する財である。

・需要の所得弾力性

需要の所得弾力性とは，所得が1％増加した時に，消費（需要）がどれだけ増加するのを表す指標である。0より大きいならば上級財，0ならば中立財，0より小さいならば下級財である。

・ギッフェン財

ギッフェン財とは，価格が上昇すると，需要が増加する財である。需要の価格弾力性がマイナスの財がギッフェン財である。

・代替効果

代替効果とは，ある財の価格の上昇によって，相対的に安くなった他の財に乗り換えるという効果のことである。

・所得効果

所得効果とは，実質所得の変化が消費にもたらす効果である。

・全部効果（価格効果）

全部効果（価格効果）とは，代替効果と所得効果を合計した最終的な効果である。

1 消費者（家計）と効用最大化原則

　私たちは，働いて給料をもらい，財やサービスを消費する。経済学では，消費を行う主体を家計と呼ぶ。ミクロ経済学で，消費者（家計）行動の分析を行うために用いられるのが，効用である。**効用**（Utility）とは，**消費者が感じる満足の度合いのこと**を言う。消費者は自分の欲しいと考える財やサービスを入手し，消費することで満足を感じる。このとき，私たち消費者が感じる満足は，その財やサービスを手に入れ，それを消費するのに感じた喜びと言い換えてもよい。

　ミクロ経済学においては，消費者は自分の効用を最大化するように行動するという前提を置く。この前提が，**効用最大化原則**である。消費者は，自分の好きな財やサービスをすべて手に入れ，消費できれば効用は最大化できるであろうが，実際には，給料（所得）に制約を受ける中で，効用を最大化するように行動しなければならないことになる。

2 限界効用理論

1　限界効用逓減の法則

　家計の消費行動を説明するための理論として，**限界効用理論**がある。限界効用理論では，効用を100や200というように数字で測ることが可能であると考える。これを**効用の基数的可測性**と言い，たとえばうどんを食べると効用は100だが，ラーメンを食べると効用は200なので，2倍の効用があるということになる。このように効用を数字で測ることができると分析がしやすくなる。しかし，実際に消費者は，うどんの効用はラーメンの効用の2倍であるとはわからない。むしろ，うどんの効用よりもラーメンの効用の方が大きい，あるいはラーメンの効用はうどんの効用よりも順位が上であると言うように優先順位をつけることしかできない。このように効用の順位を測ることしかできないこと

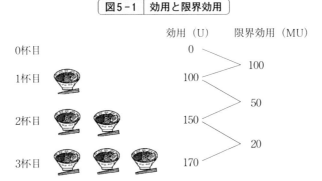

図5-1 効用と限界効用

を**効用の序数的可測性**と言う。限界効用理論は，基数的可測性を前提にして説明される。

　限界効用（Marginal Utility）とは，1単位増やした時の効用（満足度）の増加分のことを指す。ある消費者がラーメンを食べ，ラーメンを1杯食べた時の効用が100，2杯目を食べた時の効用が150，3杯目を食べた時の効用を170とする。（図5-1）

　このケースでは，1杯目の効用は100と効用が100増加しているので，限界効用は100である。1杯目の効用が100なのに対して，2杯目は150なので効用は50増加しているので限界効用は50であり，3杯目の効用は170と20増加しているので限界効用は20となる。

　また，限界効用が1杯目は100，2杯目は50，3杯目は20というようにだんだん減ってきている。これは，1杯目のラーメンは大変おいしいので満足度の増加が大きいけれども，2杯3杯とおかわりしていくと，おいしさが減っていき，満足度の増加がだんだん減少していくことに他ならない。このように，消費量が増加するにつれてだんだんと限界効用が減っていくことを限界効用逓減と言う。ラーメン以外の多くの財でも消費量が増加するにつれてだんだんと限界効用が減っていくので，**限界効用逓減の法則**が成り立つ。

2 加重限界効用均等の法則

　限界効用理論では，消費者は効用をどのように最大化すると考えられるだろうか。たとえば，2つの消費財，リンゴ（X財）と高級メロン（Y財）があるとする。1個消費した時の限界効用は，リンゴが1000で高級メロンは10000で，価格はリンゴが100円で高級メロンは5000円である。限界効用だけで比べると，リンゴよりも高級メロンのほうが限界効用は大きいのであるが，高級メロンはリンゴよりも価格が高いので，限界効用が高いといっても，消費者は高級メロンを買うという選択はしないだろう。リンゴと高級メロンの限界効用と価格を比較すると，限界効用は10倍，価格は50倍であるが，消費者は価格が50倍であれば，限界効用も50倍でなければ割が合わないと考えるであろう。つまり，その財の良さを価格で割ったコストパフォーマンスを考えるからである。

　限界効用だけでなく価格も考えようというのが**加重限界効用**である。加重限界効用とは，**1円当たりの限界効用のことで，ある財（X財）の限界効用（MU）をその財の価格（P）で割ると求められる**。式で表すと次のようになる。

$$\text{X財の加重限界効用} = \frac{MU_x}{P_x}$$

　上記の例では，リンゴと高級メロンの加重限界効用は次のとおりである。

$$\text{リンゴの加重限界効用} = \frac{1000}{100} = 10$$

$$\text{高級メロンの加重限界効用} = \frac{10000}{5000} = 2$$

　加重限界効用を比べると，同じ1円を支出した時に，高級メロンでは効用が2しか増えないが，リンゴでは10だけ効用が増加する。消費者は効用を最大化するように行動するので，加重限界効用が大きいリンゴを消費する。

　消費者の効用が最大になっているのは，各財の加重限界効用が等しくなっているときである。これは，**加重限界効用均等の法則**と呼ばれ，次の式であらわされる。

$$\frac{\text{X財の限界効用}}{\text{X財の価格}} = \frac{\text{Y財の限界効用}}{\text{Y財の価格}}$$

　加重限界効用が違うときには，加重限界効用が小さい財の消費を1円減らし，その1円を加重限界効用が大きい財の消費にあてることで効用を増やすことができる。加重限界効用が2の高級メロンの消費を1円減らすと効用は2減る。その1円を加重限界効用10のリンゴに支出すると，効用は10増加する。メロンを1円やめて代わりにリンゴに支出すると，効用は2減るが，10増えるので，最終的に8増加したことと同じになる。効用が増加するということは，まだ効用が最大になっていないということを意味する。

　限界効用逓減の法則から，加重限界効用の小さいメロンの消費量を減らすとメロンの限界効用は増加する。つまり，メロンの加重限界効用は増加するのである。反対に，加重限界効用が大きいリンゴの消費量は増加するので，限界効用はだんだん減っていく。その結果，リンゴの加重限界効用は減少するので，最終的には，メロンとリンゴの加重限界効用は等しくなる。

　加重限界効用が等しくなると，もうそれ以上，効用は増やせなくなる。リンゴとメロンの加重限界効用がそれぞれ5になったとき，一方を1円分やめて，他方を1円増やしたとしても，1円当たりの限界効用はどちらも同じ5なので，それ以上効用が増えることはない。このとき，効用が最大となっているというわけである。

 無差別曲線理論

1　無差別曲線

　効用や限界効用は，主観的なものであるために，測定し，数値化することが難しい。限界効用理論では，効用は数値的に測定可能であるとする基数的可測性が前提であった。しかし，消費者は，「こちらの方よりもあちらの方が好き」と言うように，順序をつけることくらいしかわからない。このように効用の順位をつけることが可能であるとする序数的可測性を前提として，効用の比

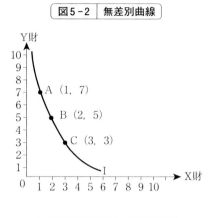

図5-2 　無差別曲線

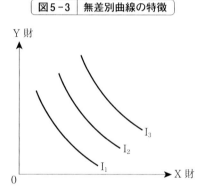

図5-3 　無差別曲線の特徴

較を行い，消費者行動の分析をするのが**無差別曲線**（Indifference Curve）である。

　無差別曲線は，どのようにして導き出されるのだろうか。**図5-2**を使って説明してみよう。消費者は，毎日多くの財を消費しているが，単純化のために，財はX財とY財の2財しかないとする。消費者は，財の消費によってのみ効用を得ると仮定し，限られた予算の中でX財とY財の消費を行って，効用を最大化しようとする。横軸にX財の消費量（x），縦軸にY財の消費量（y）をとると，1つの点はxとyの組み合わせになる。たとえば，点Aはxが1個，yが7個という組み合わせで，点Bはxが2個，yが5個という組み合わせ，点Cはxが3個，yが3個という組み合わせである。このとき，ある消費者にとって点A（1,7），点B（2,5），点C（3,3）が同じ効用だとすると，こ

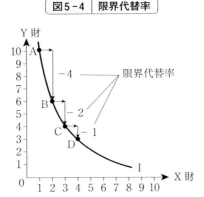

図5-4 限界代替率

の効用が等しい点を結んだ線Ⅰが無差別曲線である。

　つまり，**無差別曲線は，効用の等しいＸ財の消費量（x）とＹ財の消費量（y）の組み合わせを示す曲線**と定義される。

　無差別曲線には，次の４つの特徴がある。**①右下がりの曲線になること。②原点に対して凸の曲線になること。③右上方へシフトするほど効用が高いこと。④互いに交差しないこと。（図5-3）**

　無差別曲線の傾きには，**限界代替率**が関係している。限界代替率とは，xが１単位増えた時に，元の効用に戻るために減らさなければならないyの量である。これを**図5-4**で説明してみよう。

　たとえば，xをショートケーキ，yをクッキーとして，最初にxは１個，yが10個あったとする。xは少量で貴重だが，yは10個もあるのでそれほど貴重ではない。xを１個くれれば，yを４個あげてもよいと考えたとする。このようなことが言えるのは，x１個とy４個を同じ効用と考えているからであり，限界代替率は４となる。このことから，点Ａからxが１個増えた時，yを４個減らすと，点Ｂへ移動し，点Ｂではxが２個，yが６個の組み合わせとなっている。

　点Ｂの状態からxがもう１個増えた時はどうなるか。xをすでに２個持っているので，さらに１個増えても以前ほどは，うれしくはない。それに対して，yは６個しかないので，最初の10個の時と比べると，数が減り貴重になってい

る。xが1個増えても効用は増えず，代わりにあげるyは貴重になっているので，前のように4個をあげることはできない。そこで，xが1個増えたら，yは2個だけあげてもよいと考えているとする。この時，限界代替率は2となり，点Bから点Cへ移動する。点Cでは，xは3個もあり，yは4個しかないのでさらに貴重になっている。xが1個増えた時に，元の効用に戻すために減らすyの量はさらに減り，1となったとする。

こうして，xを1個増やしていくごとに，元の効用に戻すためにyを減らしていくと，xの貴重さが減少し，yの貴重さが増加していくので，限界代替率はだんだん減っていくことになる。これが**限界代替率逓減の法則**である。

無差別曲線のみで分析すると，消費者は効用が最大になるように行動するので，最も右上の無差別曲線上のX財とY財の組み合わせを選択することになる。

2　予算制約線

現実に，私たち消費者は，お金を無限に持っているわけではない。買い物をするときには，予算には限りがあり，X財やY財を無限に買うことはできない。この予算の制約について考えようというのが**予算制約線**である。

いま，予算が1000円，おせんべい（x）の価格が200円，キャンディー（y）の価格が100円だったとする。ちょうど予算を使い切るようなおせんべいの量とキャンディーの量を考えようとすると，予算制約式は次の式で与えられる。

$$200x + 100y = 1000$$

これをグラフで表したのが**図5−5**である。

予算をちょうど使い切る点A，B，C，D，E，Fを結んだ直線AFが予算制約線である。予算制約線上の点がちょうど予算を使い切るのに対して，点Gのような，予算制約線の内側にある点は，消費量が少ないために予算を使い残す状態である。逆に，点Hのような予算制約線よりも右上方にあると，消費量が多いので予算オーバーの状態となる。したがって，予算内で選択可能な点は予算制約線AFと縦軸，横軸で囲まれた△OAF内の点となる。△OAFは，予算内で選択可能な点を表しているので，**選択可能領域**あるいは**入手可能領域**

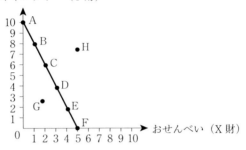

図5-5 予算制約線

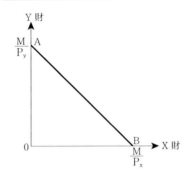

図5-6 記号で表した時の予算制約線

と呼ばれる。

上記のことを記号で表すと次のように説明できる。X財の価格をPx，Y財の価格をPy，予算をMとすると予算制約式は次のように表わせる。

$$P_x \cdot x + P_y \cdot y = M$$

これをグラフで表したのが**図5-6**である。

直線AB上にある点はすべて予算を使い切っているので，縦軸切片である点Aと横軸切片である点Bも同様に予算をすべて使い切っている。点Aは予算をすべて使い切りyのみを買っている。このとき，yの量は予算をYの価格で割った$\frac{M}{P_y}$となる。この$\frac{M}{P_y}$が縦軸切片の値となる。同様に，点Bでは予算を

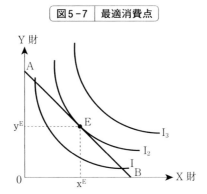

図5-7　最適消費点

すべて使い切ってxのみを買っている。このとき，xの量は予算をXの価格で割った$\frac{M}{P_x}$となる。この$\frac{M}{P_x}$が横軸切片の値となる。

予算制約線の傾きは，$-\frac{横軸の価格(P_x)}{縦軸の価格(P_y)}$で表される。なお，入手可能領域は△OABとなる。

3　最適消費点

予算制約のもとで効用が最大になる消費量の組み合わせが最適消費点である。消費者が選択する点，すなわち**最適消費点は無差別曲線 I_2 と予算制約線 AB が接する点 E である。**（図5-7）

このとき，予算内で効用が最大となっており，消費量は x^E と y^E となる。

　所得の変化，価格の変化と消費者行動

1　所得の変化と消費者行動

予算（所得）が増えると，消費者の行動はどう変わるだろうか。予算が増加すると，X財もY財も前よりも多く買うことができる。その一方で，X財と

図5-8 所得が増加した時の予算制約線の変化

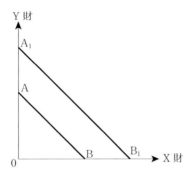

図5-9 上級財（正常財）のケース

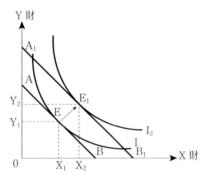

　Y財の価格は変わらないので、予算制約線の傾きは同じである。つまり、予選制約線は外側に平行に移動する。（**図5-8**）

　所得が増加した時のX財の消費量の変化について考えてみよう。ここでは、無差別曲線の位置によって、X財の消費が増加するケース、不変のケース、減少するケースを見てみることにする。

　図5-9では、所得が増加するとX財の消費量が増加している。このように、所得が増加すると消費も増加する財が**上級財（正常財）**である。

　図5-10のように、所得が増加してもX財の消費量はそのままで不変である。このような財が**中立財**である。そして、所得が増加してもX財の消費量が減少する**図5-11**のような財が**下級財（劣等財）**である。

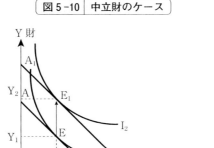

図 5-10 中立財のケース

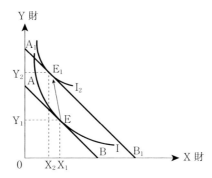

図 5-11 下級財のケース

　たとえば，ウィスキーは上級財，発泡酒は下級財となる。所得量が増加すると，発泡酒からウィスキーへ消費がシフトするので，発泡酒の消費が減る。

　所得が1％増加した時に，消費がどれだけ増加するのを表す指標が需要の所得弾力性である。需要の所得弾力性は次の式であらわされる。

$$需要の所得弾力性 = \frac{消費（需要）の変化率}{所得の変化率} = \frac{\frac{\Delta x}{x}}{\frac{\Delta M}{M}}$$

　この式は，所得が1％増加した時に，消費（需要）が何％変化するかを表し，0より大きいならば上級財，ゼロならば中立財，0より小さいならば下級財で

| 表5-1 | 需要の所得弾力性と財の関係 |

需要の所得弾力性＞0　上級財	需要の所得弾力性＞1　奢侈品
	0＜需要の所得弾力性＜1　必需品
需要の所得弾力性＝0　中立財	
需要の所得弾力性＜0　下級財	

ある（表5-1）。

2　価格の変化と消費者行動

　所得は変化せずに，価格が変化すると消費者はどのような行動をとるだろうか。今，X財のみの価格が上昇すると，所得は変わらないので，X財の購入可能量は減少する。そのため，x軸と予算制約線の交点は，原点の方へ移動し，傾きも急になる（図5-12）。逆に，X財の価格が下落した時は，傾きは緩やかになる。

　図5-13の上図において，X財の価格がP_{x1}からP_{x2}へ下落すると予算制約線はABからAB_1へシフトし，最適消費点はE_1からE_2へ移動する。X財の消費量はX_1からX_2へ増加している。下図では縦軸に価格（P），横軸に数量（Q）をとっているが，E_1とE_2を対応させ，これを線で結んだのが第2章で

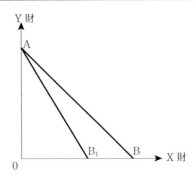

図5-12　X財の価格のみが上昇した時の予算制約線の変化

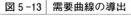

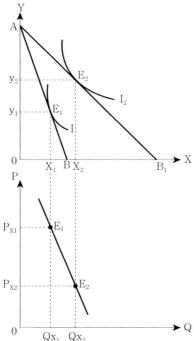

みた需要曲線である。通常，価格が下落すると，需要は増加する。例外的に，価格が上昇すると，需要が増加する財がある。そういった財は，ギッフェン財と呼ばれる。

第2章でみたように，価格が1％上昇した時，需要が何％変化するかを表すのが需要の価格弾力性である。需要の価格弾力性がプラスならば上級財もしくは下級財であり，マイナスならば**ギッフェン財**である。

価格変化が消費に与える影響は**代替効果**と**所得効果**の2つの効果に分けて考えられる。ある財の価格の変化は財の交換比率を変える。財の間の交換比率の変化は最適な消費量に影響を与える。代替効果とは，**ある財の価格の上昇によって，相対的に安くなった他の財に乗り換えるという効果**である。ある財の価格の変化は実質所得も変える。財の価格が下落すると，所得が同じでもより

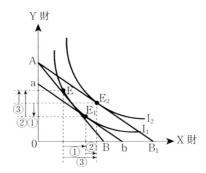

多くのものが購入できる。これは，実質所得の増加と同じことを意味する。所得効果とは，**実質所得の変化が消費にもたらす効果**のことである。なお，**代替効果と所得効果を合計したものが最終的な効果**であり，**全部効果**あるいは**価格効果**と呼ばれる。

　図5-14を用いて，代替効果と所得効果を説明してみよう。初期の均衡点はEである。価格の変化によって財の価格比（交換比率）が変わると，均衡点がEからE_1に変化する。E_1に消費点を変えるのは，その方がEより低い費用によって価格の変化前に得られていた効用水準を価格変化後も維持できるためである。均衡点EからE_1への変化が代替効果である。たとえば，ビール（X財）が200円，焼き鳥（Y財）が100円とする。ビールが200円から100円になったことで200円の時に得られていた効用を100円のもとでも維持するためには焼き鳥の購入を控えて安くなったビールをより多く購入することで支出が節約できる。そのために，代替効果では通常価格の下がったビールの消費を増やして焼き鳥の消費を減らすことになる。これは，①の矢印の方向で表されている。均衡点E_1からE_2への変化が所得効果であり，②の矢印で表される。価格変化前の予算よりも価格下落後は同じ効用水準を達成するのに少ない予算で済む。実質的に増加した所得（予算）の分を使うことでさらに効用を高めることができる。ビールの価格変化がビールと焼き鳥の消費量に与える最終的な影響である全部効果は，①の矢印の代替効果と②の矢印の所得効果を合わせたものとなり，③の矢印で示される。

第 6 章

生産者行動

―― キーワード ――

- 総費用（TC）
  財の生産に必要となるすべての費用。短期では固定費用と変動費用からなる。
- 平均費用（AC）
  生産1単位当たりの費用。総費用を生産量で割ったもの。
- 限界費用（AC）
  産出量を1単位変化させたときの総費用の変化。
- 総収入（TR）
  財価格に生産量をかけたもの。売上に相当する。
- 平均収入（AR）
  生産1単位辺りの収入
- 限界収入（MR）
  産出量を1単位変化させたときの総収入の変化。
- 短期の利潤最大化条件（P＝MC）
  価格と限界費用が等しい生産量。
- 損益分岐点
  総収入と総費用が等しくなる点であり，平均費用と限界費用が交わる点でもある。

 費用の諸概念

本章では，企業の行動について取り扱う。中学高校の教科書にも記載されて

いるとおり，企業は利潤最大化を行う経済主体である。ここでいう**利潤**（profit）とは売上からさまざまな費用を差し引いたものである[1]。ここでは，企業が，その活動目的である利潤をどのように最大化するのか，利潤が最大化された時に成立する条件（利潤最大化条件）について説明していく。前述のとおり，「利潤＝売上－費用」であるが，利潤をどのように最大化するかを理解するためには，まず費用と売上の構造について理解する必要がある。まずは費用について説明していく。

その際に，まずは第4章で学習した**完全競争市場**を前提に解説を行い，完全競争市場での利潤最大化について学んだ後で，**不完全競争市場**について説明を行っていく。不完全競争市場における企業行動を理解するためには，前提条件として完全競争市場の理解が不可欠となる。よって完全競争市場での企業の利潤最大化行動についてしっかりと理解されたい。なお，本章での企業は1つの財のみを生産するケースを仮定している。

1　短期の総費用曲線

企業が生産活動を行う上で必ず費用（コスト：cost）が発生する。この費用は生産に必要な原材料，人件費，地代等であり，このような費用は生産量 Q が増大するに従って大きくなっていくと思われる。また，生産量は事業規模に近い概念とも言える。

ミクロ経済学では，このような生産活動の拡大に従って，必然的に発生する費用全体を**総費用**（Total Cost：**TC**）と呼んでいる。この総費用であるが，短期では，**固定費用**（Fixed Cost：**FC**）と**変動費用**（Variable Cost：**VC**）から構成されると考える。つまり，

$$\text{総費用 } TC = \text{固定費用 } FC + \text{変動費用 } VC \tag{1}$$

が成立する。

---

[1] 経済学における利潤は，会計上の利益とは必ずしも一致しない場合がある。このため個別企業の経営分析する際には会計学における利益概念について学ぶこと。

固定費用とは，生産量に依存しない費用であり，短期において存在するものである。つまり，生産量の大小にかかわらず，必ず発生する費用といえよう。たとえば，工場における生産であれば，機械設備や工場設備に相当する。生産量がゼロでも固定費用はは発生する。この固定費用を図示したのが，**図 6-1** である。**図 6-1** で固定費用が水平に描かれていることに注意である。水平であると言うことは，生産量が大きくても小さくても，固定費用が一定水準しか発生しないことを意味している。

　変動費用 VC とは，生産量に依存する費用であり，生産量を大きくすれば大きくするだけ，より多く発生する費用のことである。工場における生産にたとえれば，生産量の増加に応じて変化する人件費や原材料費等のことになる。生産量がゼロの時には，変動費用もゼロとなる。この変動費用を図示したものが **図 6-2** である。

図 6-1　固定費用

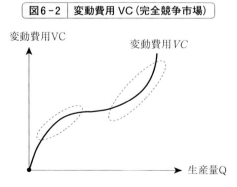

図 6-2　変動費用 VC（完全競争市場）

図6-2では変動費用VCが原点から始まっていることをまず確認されたい。変動費用は生産量がゼロであれば一切発生しないと考える。ここが固定費用との違いの1つである。そして，変動費用VCは曲線の形状をしているが，この曲線は生産量が一定量までは，限界効用逓減の法則のように接線の傾きがだんだん小さくなっていく。しかし，生産量が一定以上に大きくなると今後は逆に，接線の傾きが徐々に大きくなっていく。これは，接線の傾きがだんだん小さくなっていく時には，生産量を増やして，規模を大きくしていけば生産物1単位当たりの費用が安くなっていくことを意味している。これを，経済学では**規模の経済**が働くという。逆に，接線の傾きがだんだん大きくなっていく時には，規模の不経済が働いている。生産量が一定水準以上になれば，完全競争市場では規模の不経済が原則的に働くと思われる。いくら生産量を増やしても規模の経済が働くのであれば，最も生産量の大きな規模の最も大きな1社が最も安く生産できることになり，1社のみしか市場に残らないことになるためである。この場合は，不完全競争市場となる。

　固定費用FCは短期にのみ存在すると説明したが，ここで経済学における**短期と長期の違い**について学んでいこう。短期と長期の基準は，分野によって異なり，金融実務や会計等の世界では，1年未満が短期であり1年以上が長期となるのに対して，ミクロ経済学では，資本などの固定的な生産設備が一定で変化しない期間を**短期**（short-run）とし，固定的な生産要素を含めたすべての生産要素投入量を変化させて生産を行う期間を**長期**（long-run）と考える。よって，ミクロ経済学における短期と長期は具体的な年数で区分することができず，産業構造等によって変化するものである。たとえば，比較的規模の小さな飲食店チェーン等であれば，新規の出店に数カ月しか要さないかもしれないが，超大型の工場設備が必要な鉄鋼や電力産業等では，工場設備の建設に数年以上もの時間がかかるかもしれない。特定の期間を指定することができないのである。ともあれ，このような固定費用が存在するのが短期で，固定費用が存在せず，総費用と変動費用が等しいのが長期という長期と短期の区分は経済学特有のものであることに注意である。

2　短期の平均費用曲線 AC

次に**平均費用**（Average Cost: **AC**）とは何か，その定義について説明していく。総費用を産出量で割ると，生産物1つに対してどれだけの費用がかかっているかを求めることができる。これを平均費用 AC という。例えば，10台の自動車の生産に1,000万円かかったとすると，総費用 TC は1,000万円であり，AC は1台当たりの費用であるから1,000万円を10台で割った100万円となり，1台あたり100万円のコストがかかったことになる。これこそが平均費用 AC である。これは極めてわかりやすい概念であろう。また，この平均費用 AC を総費用 TC と生産量 Q で割って式で表すと，

$$AC = \frac{TC}{Q} \tag{2}$$

となる。次に，この平均費用 AC を図示するとどのようになるかを考えていこう。これは総費用曲線 TC の形状からもとめていくことができる。図6-3 の A 点において，生産量が Q_0 の水準であり，総費用 TC が TC_0 の水準で発生していることになる。この Q_0 の生産量において，平均費用 AC は TC_0 を Q_0 で割った TC_0/Q_0 となる。そして，この TC_0/Q_0 は A 点と原点を結んだ

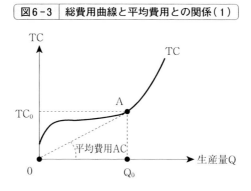

図6-3　総費用曲線と平均費用との関係（1）

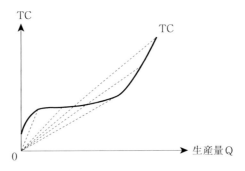

図6-4 総費用曲線と平均費用との関係（2）

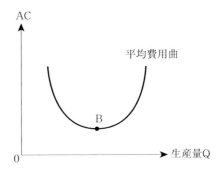

図6-5 平均費用曲線の形状

直線の傾きと同じことを意味する[2]。

　同じ事を**図6-4**を通して，A点以外の総費用曲線上のあらゆる点で考えてみよう。

　図6-4では，TC線上の1点と原点を結んだ直線の傾きは，最初は小さくなっていくが，途中から大きくなっていくことがわかるであろう。このTC線上の1点と原点を結んだ直線の傾きを縦軸，生産量を横軸にとると平均費用曲線が導出される。これが**図6-5**である。

---

[2]　高校の三角関数で学んだ$\tan\theta$に相当するのが平均費用ACであり，これは総費用を生産量で除したものとなる。三角関数について深く復習する必要は特にないが，この関係については覚えておくと便利である。

総費用線上の1点と原点を結んだ直線の傾きこそが平均費用であり，これを縦軸にとり，横軸に生産量をとった平面上では，**図6-5**が示すとおり，平均費用曲線はU字型に描かれることがわかる。これは先程説明したとおり，生産量が一定水準までは規模の経済が働くために，平均費用が低下し，その一定水準を超えると規模の不経済が発生するために生産量の増大に伴って平均費用ACが増大していくことを示している。

　また，**図6-5**のB点は平均費用が最も小さくなる点であり，このB点は**生産物一単位当たり最も効率的な生産が可能となる生産量**であることにも注意されたい。

3　短期の限界費用曲線MC

　次に**限界費用**（Marginal Cost：**MC**）の定義を説明していくが，この限界費用とは本書第5章で学んだ限界効用に使い概念である。限界費用MCとは，産出量を1単位変化させたときの総費用TCの変化を限界費用という。つまり，例えば自動車をもう1台多く（少なく）生産した場合にどれだけ総費用が増加（減少）するかを示す。

　第5章での**限界効用MU**は，効用曲線の接線の傾きであった。これを復習として示したのが**図6-6**である。この**図6-6**と同じように，今度は総費用曲線上の1点に接線を引き，その接線の傾きをとっていくと限界費用を導出する

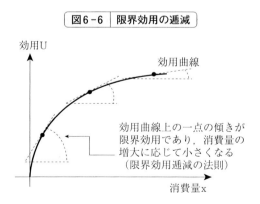

図6-6　限界効用の逓減

図6-7 限界費用曲線の形状

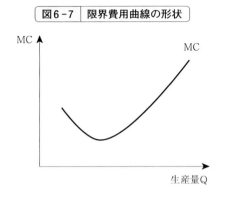

図6-8 平均費用と限界費用との関係

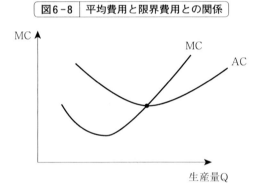

ことができる。**図6-7**はそのようにして導出された限界費用曲線を示している。

これまでみてきた平均費用と限界費用であるが、次の節では平均収入と限界収入という概念を紹介する。ミクロ経済学およびマクロ経済学にて平均○○や限界○○といった用語が出てきた場合、以下の考え方を思い出すようにしてほしい。それは「**限界○○とは曲線上の1点の傾き**」であり、「**平均○○とは曲線上の1点と原点を結んだ直線の傾き**」である。

そして、平均費用 AC と限界費用 MC であるが、**図6-8**のように、平均費用曲線の最低点を限界費用が"**必ず**"通ることになる。何故そうなるかについては微分の概念が必要となるため、本章補論を参照されたい。まずは**図6-8**をしっかりと描けるように何度も復習してほしい。

2 収入の諸概念

1 総収入（TR）

費用について理解した後は，収入（Revenue）について理解していく。前述の通り，利潤は売上から費用を引いたものであるが，経済学では売上とは言わず，**総収入**（Total Revenue：**TR**）という。本章では1財生産を仮定しているため，ここでの総収入 TR は，

$$総収入\ TR = 財価格\ P \times 生産量\ Q \tag{3}$$

と表すことができる。完全競争を仮定しているため，この企業は**プライス・テイカー**であり，この企業が生産量を増減させても市場価格には影響を与えないことにも注意されたい。

この(3)式から，総収入曲線を図示すると，**図6-9**のようになる。**図6-9**は縦軸に総収入 TR，横軸に生産量 X を取っており，この平面上に傾きが財価格 P である直線として総収入曲線が描かれる。

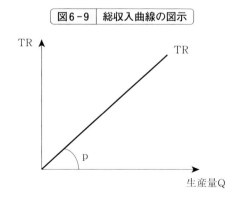

図6-9　総収入曲線の図示

2 平均収入曲線と限界収入曲線

　費用では，**総費用** TC から**平均費用** AC と**限界費用** MC が導出された。平均費用は総費用曲線の1点と原点を結んだ直線の傾きから，限界費用は総費用曲線上の1点の傾きから，であった。この関係は，**総収入** TR に対する**平均収入**（Average Revenue：**AR**）と**限界収入**（Marginal Revenue：**MR**）でも同様である。つまり，総収入曲線上の1点と原点を結んだ直線の傾きから平均収入 AR，総収入曲線上の1点の傾きから限界収入 MR が導出されるのである。

　また，定義を確認すると，平均収入 AR とは，総収入 TR を生産量 Q で割ったものであり，生産1単位当たりの収入，つまり単価ということができる。式で表すと，

$$AR(Q) = TR(Q)/Q = P \cdot Q/Q = P \tag{4}$$

となる。限界収入 MR とは追加的に1単位生産を変化させたときの収入の変化のことである。

　総費用曲線は曲線の形状であったが，総収入曲線は**図6-9**の通り，直線であるため，総収入曲線上の1点と原点を結んだ直線の傾きも，総収入曲線上の1点の傾きも，生産量 X の水準が大きくても小さくても，一定となる。よって，平均収入曲線と限界収入曲線を図示すると，**図6-10**のようにシンプルなもの

図6-10　平均収入と限界収入

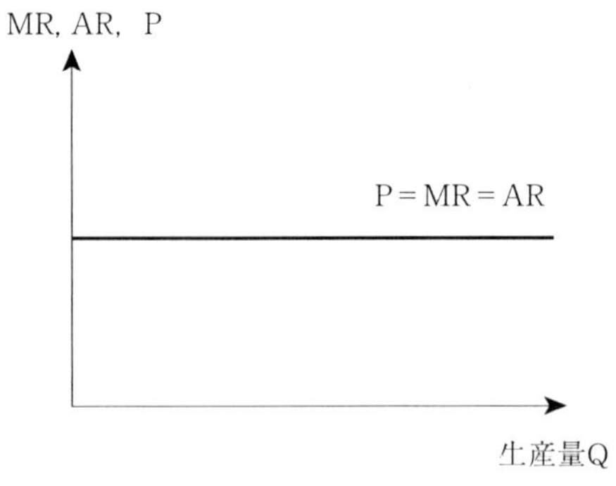

MR, AR, P

P = MR = AR

生産量Q

となる。ここで，平均収入 AR と限界収入 MR と財価格 P が全て一緒になることに注意されたい。

3 利潤最大化条件と損益分岐点・操業停止点

1 （短期の）利潤最大化条件

費用と収入について確認してきたが，利潤は収入から費用を差し引いたものであった。さらに収入も費用も，それらの水準を決定するのは生産量 X であった。つまり，利潤 π，総収入 TR，総費用 TC のどれもが生産量 X によって決定される。では，どのような生産量 X の水準であれば，利潤 π が最大化させるのだろうか。

ここで，利潤についても限界概念を適用し，**限界利潤**を考えてみよう。限界利潤とは追加的に生産量を増加（減少）させた時にどれだけ利潤が変化するかを示している。限界利潤がプラスであれば生産を増やすことによって利潤が増えるために，企業は生産を増やす。逆に，限界利潤がマイナスであれば利潤が減少するために企業は生産を減少させる。このため，限界利潤がゼロである生産量 Q^E であれば，企業はそれ以上にも以下にも生産量を増減させないことになる。つまり，限界利潤がゼロの時，企業にとって生産量を変化させる必要がなく，最も望ましい生産量であるといえる。このときに利潤は最大化されている。よって，

$$\text{限界利潤} = \text{限界収入 MR} - \text{限界費用 MC} = 0 \tag{5}$$

が成立しているときに利潤が最大化されているといえる。この(5)式を展開すると，

$$\text{限界費用 MC} = \text{限界収入 MR} = \text{価格 P} \tag{6}$$

が成立する。ここから，

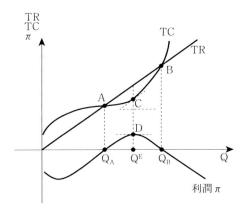

価格 P ＝ 限界費用 MC　　　　　　　　　　　　　　　　　　　　　(7)

を利潤最大化条件として心に留めておかれたい。

この(7)式が成立してる時を図を用いて再確認してみたい。**図6-11**はそれを示している。

図6-11において，まず直線の総収入 TR と曲線の総費用 TC を確認されたい。この TR と TC 位置関係が利潤 π を示している。ここで，0 から Q_A までの生産量では総費用 TC が総収入 TR の上方に位置していることを確認されたい。つまり，0 から Q_A までの生産量では TC＞TR であり，つまり赤字が発生し，利潤 π はマイナスである。よって，利潤 π を示した曲線もまたマイナスを示している。これに対して，Q_A から Q_B までの生産量では総収入 TR が総費用 TC の上方に位置しており，TC＜TR となり，黒字となり，利潤 π もプラスとなっている。生産量が Q_B を超えると，また TC＞TR となり，利潤もマイナスとなる。そして，**図6-11**の A 点と B 点では TR と TC が交わっており，この2点に相当する生産量である Q_A と Q_B では利潤 π がゼロとなっていることにも注意して欲しい。

ここで利潤を示す曲線を眺めると，D 点で最も高くなっていることがわかる。この D 点に相当する生産量は Q^E である。この Q^E が**利潤最大化生産量**である。

この利潤最大化生産量である Q^E に総費用曲線上で対応するのが，C点であり，このC点の接線の傾きはTRと平行であり，価格Pと等しい。C点の接線の傾きは限界費用MCであるために，**MC＝P** という(7)式もまた成立することになる。

2　損益分岐点と操業停止点

図6-11では総費用，総収入から利潤曲線を導き，利潤最大化生産量を確認したが，次に限界費用と平均費用から，利潤最大化条件を再確認していく。これが**図6-12**である。

図6-12において，財価格は所与であり，ここでは P_0 の水準でこの企業に与えられたとする。すると利潤最大化条件である $P=MC$ から，B点のように財価格 P_0 と限界費用が等しくなる生産量 Q^E が利潤最大化生産量である。この時にこの企業の総収入は四角形 $0P_0BQ^E$ の面積で表すことができる。これは P_0 の価格でを Q^E の生産をしたためである。さらに，この Q^E の生産を行ったときの総費用を考えてみよう。Q^E の生産を行ったときにC点の水準に相当するだけの平均費用がかかっている。このため，この時の総費用TCは四角形 $0ACQ^E$ の面積となる。よって，総収入である四角形 $0P_0BQ^E$ から総費用TCである四角形 $0ACQ^E$ を差し引いた四角形 AP_0BC が利潤となる。

ここで所与である価格が P_0 から下落した場合を考えてみよう。これが**図**

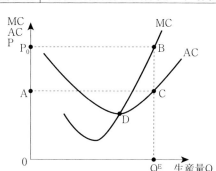

図6-12　利潤最大化条件と限界費用・平均費用

図6-13 損益分岐点の図示

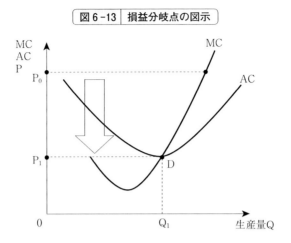

6-13である。

図6-13では所与である価格がP_0からP_1へ下落しており、P_1は平均費用と限界費用が交わっているD点の水準である。この水準であるP_1に価格が低下した時の総収入と総費用と利潤の水準を考えてみよう。価格がP_1であるため、P_1と等しい限界費用に相当する生産量はQ_1である。この時に、総収入TRは四角形$0P_1DQ_1$である。平均費用もP_1と等しい水準であるために総費用もまた四角形$0P_1DQ_1$となる。総収入と総費用の面積が等しいため利潤はゼロとなる。このために、D点を**損益分岐点**と呼ぶ。

ここで、価格がP_1よりも低くなると、限界費用が平均費用を下回り、P＝MCで生産量を決定すると、平均費用が財価格を上回ってしまい、赤字が発生する。では企業は生産を行わないのであろうか？この点については図6-14でみていく。

図6-14にあるAVCとは**平均可変費用**（Average Variable Cost：**AVC**）という概念である。平均可変費用AVCとは、総費用TCから固定費用FCを差し引いた変動費用VCの生産量1単位当たりのコストのことである。つまり、変動費用VCのみの平均的な費用といっても良い。これは図示すると、ACの下に位置することになる。AVCを式で示すと、

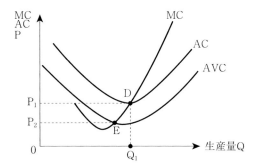

図 6-14　操業停止点の図示

$$AC(Q) = TC(Q)／Q = FC／Q + VC(Q)／Q = FC／Q + AVC(Q) \qquad (8)$$

となる。ここで，財価格が P_1 を下回ると，赤字にはなるものの，P_2 までは，変動費用 VC を上回る売上を達成することは出来る。財価格が P_2 を下回ると，変動費用 VC すらはまったくまかなえないことになる。P_2 を下回れば企業は可変費用も固定費用もまかなえず，これでは生産してもしなくても同じ状況となるのである。そこで，この E 点を**操業停止点**（shut-down point）と呼ぶ。

　第 1 章でみた右上がりの供給曲線は，実はこの E 点より右側の限界費用であり，供給曲線とは操業停止点より高い財価格での限界費用であるということができる。つまり，供給曲線の背景には企業の利潤最大化行動と P = MC という利潤最大化条件が存在するのである。

　また，これまでは短期のみを対象としてきた。長期においては，固定費用 FC を含めたすべての生産要素を調整しながら，企業は利潤極大化行動をとる。この長期での利潤最大化条件を図示した者が**図 6-15**である。

　図 6-15の LTC とは**長期総費用**（Long-term Total Cost）を意味している。長期では，P = MC になるように企業が生産量を決定し，**図 6-12**の四角形 AP_0BC のような超過利潤が存在すると，長期では固定費用が存在しないため，新規企業が参入し，競争が激化し，財価格が低下する。この新規参入は超過利潤がゼロになるまで続くことになる。そして，企業の参入が停止するまで財価格が低下すると長期産業均衡が成立する。この時には，

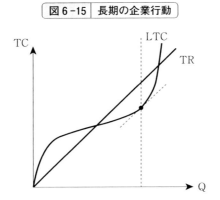

図 6-15 長期の企業行動

財価格 P ＝長期限界費用 LMC ＝長期平均費用 LAC   (9)

が成立する。この意味で、短期において存在する固定費用の存在は参入障壁としても機能するともいえるのである。

 完全競争市場の成立条件

これまでは完全競争市場を前提にした来たが、完全競争市場について簡潔に再確認する。基本的に経済学では、完全競争市場においては自由な経済取引が経済厚生を最大化し望ましいと考える。完全競争市場とは、

・同一市場における企業の生産物が同質
・市場に売り手、買い手が多数存在している
・プライス・テイカー
・企業による市場への参入・退出が自由

という条件をすべて満たす市場のことである。

これらが満たされない場合、不完全競争市場となる。次に不完全競争市場での企業行動を見ていく。

5 独占企業

1 独占市場とは

　これまでは，市場の多数の企業が存在し，その各企業は市場で決定された財価格を所与とするものであり，そこでは P = MC が利潤最大化条件であった。ここでは不完全競争市場の1つである独占市場での企業行動，そしてその利潤最大化条件とそれによる経済厚生について解説していく。

　独占市場では，売り手である企業が1社（**独占企業**）によって当該財が供給されている。独占企業にはライバル企業が存在せず，独占企業の生産量は市場全体の供給量となる。このために，独占企業が生産量を増大させれば，市場全体の供給量もまた増大するために価格が低下する。よって，独占企業はプライステイカーではなく，財価格 P は独占企業の生産量によって変化することになる。財価格 P が独占企業の生産量によって変化することは，財価格 P が値ではなく，生産量の関数となることを意味する。完全競争市場では財価格 P は市場によって与えられ，完全競争企業にとっては，自らの生産量からは独立した値であった。しかし，独占市場では，独占企業の生産量 Q に対して，財価格は P（Q）という関数となる。ここから，独占企業の総収入曲線を示したのが図 6-16 である。

　図 6-16 では上に財の需要曲線，下は総収入曲線が描かれている。上図で P_0 の価格では需要曲線が縦軸と交わっている。この点では財価格が高く需要量はゼロである。需要量がゼロであれば，総収入もまたゼロとなる。同様に需要曲線が横軸と交わる点では価格がゼロであるために，総収入はゼロとなる。つまり，価格が高いと売れないため総収入が下がり，値下げをし過ぎても同様となるのである。

　企業の生産量が Q_1 のとき，総収入は四角形 $0P_1AQ_1$ で示される。生産量が Q_2 の時は四角形 $0P_2BQ_2$ となる。図 6-16 における上の図では，四角形の面積で総収入 TR が表現され，それが下図では曲線の高さとなっている。上図の

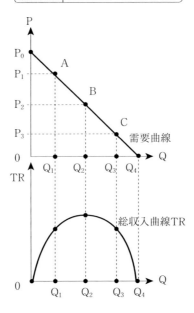

図6-16 独占企業の総収入曲線

総収入を示す四角形の面積を下図で曲線にプロットしていくと，このような下の図の半円のような形状となる。限界収入 MR は総収入 TR から導かれたが，独占市場では総収入 TR が曲線となることに注意である。

そして**図6-17**は限界収入 MR から独占企業の利潤最大化条件を導いている。

限界利潤＝限界収入－限界費用であるため，限界収入 MR＝限界費用 MC を満たす生産量が利潤最大化生産量である。**図6-17**ではが独占企業の利潤最大化生産量である。完全競争市場とは異なり，限界収入 MR は価格と等しくならないことも再確認して欲しい。そして，利潤最大化生産量である Q^M に需要曲線上で対応する価格 P^M が独占価格となる。**図6-17**の M 点を**クールノーの点**と呼ぶ。独占市場の場合には，供給曲線は存在せず，クールノーの点で示される供給点のみ存在することになる。

そして，独占市場では**デッドウェイト・ロス**が発生する。第3章では生産者余剰と消費者余剰について学んだ。完全競争市場では需要曲線と供給曲線で囲まれた三角形が社会的総余剰となったが，独占市場では MAB の分のデッド

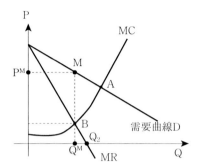

図6-17 独占企業の総収入曲線

ウェイト・ロスが生じる。

【補論：平均費用曲線の最低点を限界費用が必ず通る理由】

総費用関数を，

$$\text{TC}(Q) \tag{10}$$

とすると，平均費用関数は，

$$\text{AC}(Q) = \text{TC}(Q) / Q \tag{11}$$

と表記できる。また，限界費用関数は，

$$\text{MC}(Q) = \text{TC}'(Q) \tag{12}$$

と表せる。ここで，(11)式を書き換えると，

$$\text{TC}(Q) = \text{AC}(Q) \cdot X \tag{13}$$

になり，この(13)式を生産量であるXで微分すると，積の微分の公式を使って[3]，

---

3 積の微分の公式は，$y = f(x)g(x)$ をxで微分すると，$y' = f'(x)g(x) + f(x)g'(x)$ である。

$$\mathrm{MC}(Q) = \mathrm{TC}'(Q) = \mathrm{AC}(Q) + (\mathrm{AC})' \cdot Q \tag{14}$$

が導かれる。平均費用が最低の時はU字型の平均費用曲線の底となる時には，

$$(\mathrm{AC})' = 0 \tag{15}$$

となる。よって，(15)式が成立すれば，(14)式はAC＝MCとなり，平均費用が最低の時には，AC＝MCとなり，平均費用の最低点を限界費用が通ることがわかる。

第 7 章

市場の失敗

キーワード

・**市場の失敗**
　市場の失敗（Market Failure）とは，たとえ完全競争が成立していたとしても，市場均衡が最適な資源配分をもたらさない状況をいう。厚生経済学の基本定理では，完全競争市場では，経済主体の自由な経済活動の結果，最適な資源配分が達成され，経済的に効率的な状態，すなわちパレート最適になると説かれている。しかし，現実の社会では，そもそも完全競争が成立する市場はほとんど存在せず，またたとえ完全競争が成立していたとしても必ずしも最適な資源配分をもたらすとは限らない。このうち，前者は不完全競争市場と呼ばれ，後者は市場の失敗と呼ばれる。市場の失敗の主な原因には，1．外部性　2．公共財　3．費用逓減産業　がある。

・**外部性**
　外部性（Externality）とは，ある経済主体が行う経済行動が他の経済主体に影響を与えることをいう。外部性には，影響が市場を経由して波及する金銭的外部性と，市場を経由せずに直接他者に影響を与える技術的外部性があるが，市場の失敗に関するものは技術的外部性である。また，外部性には，他者への良い影響となる外部経済と，悪い影響をもたらす外部不経済がある。

・**公共財**
　公共財（Public Goods）とは，私的財に対比される経済財の概念である。消費に関する排除性と競合性の性質を併せ持つ財を私的財と呼ぶが，それ以外の経済財を公共財と呼ぶ。公共財には，非排除性と非競合性の性質を有する純粋公共財，非排除性と競合性の性質を有する準公共財（コモンプール財），排除性と非競合性の性質を有する準公共財（クラブ財）の3種類がある。

・**費用逓減産業**
　費用逓減産業（Decreasing Cost Industry）とは，市場に参入する際の初期費用

が莫大であり，かなりの生産量水準まで長期平均費用曲線が逓減する事業ないしは産業である。費用逓減産業は，市場を競争状態のまま放置すると，必然的に市場において独占状態となるため，自然独占（Natural Monopoly）と呼ばれる。

完全競争市場と市場の失敗

　完全競争市場では，売り手と買い手の自由な意思決定に委ねることで，価格メカニズムによる自動調整の結果，資源配分が最適になる。こうしてもたらされた最適な資源配分とは，市場参加者である売り手の生産者余剰と買い手の消費者余剰を合せた社会的厚生が最大化された状態であり，パレート最適な状態と表現される。したがって，競争均衡は，パレート最適を達成する（厚生経済学の第一定理）。こうした完全競争市場においては，資源配分の最適化を達成するためには，政府の市場介入・規制を排除し，民間の自由な経済活動に委ねることが求められる（レッセフェール：自由放任）。

　しかしながら，市場を自由放任にし，競争状態にすることが，必ずしも社会的に最適な結果をもたらさない場合がある。これを市場の失敗とよぶ。市場の失敗の主な原因としては，外部性，公共財，費用逓減産業などが挙げられる。こうした市場の失敗が生じる場合，政府には適切な市場介入（政策）によって社会厚生を最大化することが求められる。

　本書では，市場の失敗の原因のうち，外部性，公共財，費用逓減産業の3つについて考えていく。

2 外部性

1 外部性とは何か

　外部性とは，ある経済主体が行う経済活動が他の経済主体に影響を与えることをいい，外部効果とも呼ばれる。外部性には，ある経済主体の行動が市場メカニズムを経由して他者に影響する**金銭的外部性**と，市場メカニズムを経由せずに影響する**技術的外部性**の2つがある。

　たとえば，ある鉄道会社による新駅の開設が，その周辺の地価を上昇させ，地権者に利益を与える場合は，新駅周辺の地権者は何の負担もなしに，土地取引市場の価格上昇の結果，利益を得ることになるため，金銭的外部性が生じているとされる。一方，航空会社の航空機騒音が，空港周辺住民に健康被害を与える場合は，航空会社が輸送サービスの生産活動の副産物としての騒音を空港周辺にまき散らした結果，航空輸送活動とは無関係な住民が直接的に健康被害を受けることになるため，技術的外部性が生じているとされる。

　また，これら2種類の外部性ともに他者への影響が良いものと悪いものとが存在し，前者を**外部経済**（あるいは正の外部経済），後者を**外部不経済**（あるいは負の外部経済）とそれぞれ呼ぶ（表7-1）。

表7-1　外部性の分類

		プラスの効果	マイナスの効果	
		外部経済	外部不経済	
市場を経由しない	技術的外部性	交通施設の存在による満足感など	交通公害や混雑など	…資源配分を歪める ⇒市場の失敗
市場を経由する	金銭的外部性	鉄道の開業による沿線の地価上昇など	空港周辺の地価の下落など	…公平な所得分配を妨げる

なお，外部性のうち，資源配分を歪める市場の失敗に関係するのは技術的外部性のみであり，金銭的外部性は市場の失敗には関わらないことに注意が必要である（ただし，金銭的外部性は所得分配上の問題を生じうる）。したがって，市場の失敗を扱う本章では，技術的外部不経済のみを検討することにする。

2 社会的費用

経済活動には費用が伴う。その費用のうち，生産活動を行った主体（費用を発生させた主体）が自ら負担している部分を**私的費用**と呼び，第三者に負担を強いている部分を**外部費用**とよぶ。

たとえば，ある航空会社が旅客機を運行して運賃収入を得るという経済活動を行っている場合，航空機材費や燃料代や社員の人件費などといった旅客航空輸送サービスの生産費用は航空会社が自ら負担している私的費用である。しかしながら，その航空会社の旅客機が空港を離着陸する際に，空港周辺の住民に騒音・振動といった苦痛ないしは健康被害を与えていたとする。その空港周辺住民の苦痛や健康被害を金銭評価したもののうち，航空会社によって補償されていない部分は，航空会社が旅客航空輸送を行うことによって発生させた外部費用になる。これは，まさに旅客航空輸送によって外部不経済が発生していることを意味する。

一般に，民間企業が利潤最大化のための意思決定を行う際に考慮する費用は私的費用のみであるが，しかしながら外部不経済が存在している場合は，その活動によって社会に外部費用を負担させているということになる。こうした状況において，一企業の利潤最大化ではなく社会全体の最適性の観点を考慮すると，企業は私的費用だけでなく外部費用も考慮して生産活動を行うべきだということになる。こうした私的費用と外部費用を含めたものを**社会的費用**と呼ぶ。すなわち，

社会的費用＝私的費用＋外部費用

であり，厚生経済学では，外部不経済が生じている場合，企業を社会的費用で行動させることでパレート最適が達成できるとしている。

3 技術的外部不経済のメカニズムと政策

　いま，前述したような航空会社の旅客航空輸送市場を図7-1で考える。図7-1において，縦軸PおよびCは価格および費用，横軸Qは旅客航空輸送サービス量であり，右下がりの曲線Dは旅客航空輸送需要曲線，右上がりの曲線MPCは旅客航空輸送サービスを生産する際の私的限界費用曲線であり，航空会社が自社のみの利潤最大化行動をとっているときの供給曲線でもある。市場参加者が自らの利得のみを考慮して行動をとるならば，この市場における均衡点Eで均衡数量と均衡価格が決定される。すなわち，旅客航空輸送サービス量がOQ_1，運賃がOP_1となる。

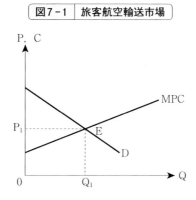

図7-1　旅客航空輸送市場

　しかしながら，前述したように，当該航空機の離発着時に騒音・振動といった外部不経済が発生しているとすると，この旅客航空輸送市場においては生産者である航空会社と消費者である旅客のほかに空港周辺の被害住民も関わってくることになる。すなわち，空港周辺住民が被っている外部費用も考慮する必要がある。航空会社の輸送に伴う限界外部費用MECは，図7-2のように，航空輸送サービスが行われていなければゼロであるが，輸送サービス（すなわち離着陸回数）が増えていくほど増加していく傾向にある。

　図7-1と図7-2は縦軸と横軸が同じものであるため，その2つの図を合せると，図7-3になる。すなわち，図7-3において，航空会社のMPC曲線の

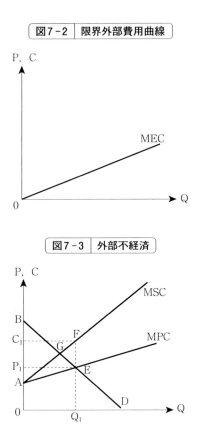

図7-2 限界外部費用曲線

図7-3 外部不経済

上にMEC曲線を足したものが、航空会社の輸送サービスの生産によって生じている社会的限界費用MSCであり、したがって曲線MSCとMPCの乖離分がMECを表している。

さて、図7-3において、航空会社と利用者が、利己心のみで輸送サービスの取引を行った場合、前述したように市場均衡によって旅客航空輸送サービス量が$0Q_1$、運賃が$0P_1$と決定される。しかしながら、この旅客航空輸送サービス量のとき、社会的限界費用MSCと私的限界費用MPCは、EF分だけ乖離している。すなわち、この旅客航空輸送サービスの取引は、取引当事者ではない第3者である空港周辺の住民たちに、限界外部費用としてC_1P_1分を課していることになるのである。これがまさに外部不経済の状況である。

この状況について，図7-3を使って余剰分析を試みよう。まず航空会社の生産者余剰は三角形 P_1EA であり，旅客の消費者余剰は三角形 BEP_1 である。これら2つは，旅客航空輸送サービスの取引によってもたらされたプラスの部分である。しかしながら，この取引によって，空港周辺住民は騒音・振動被害を受けている。この被害を金銭評価した外部費用は，三角形 AFE であり，これは旅客航空輸送サービスによってもたらされたマイナスの部分である。

したがって，この旅客航空輸送市場における社会的余剰は，

社会的余剰＝生産者余剰＋消費者余剰－外部費用

より，$P_1EA + BEP_1 - AFE = BEA - AFE$ となり，プラスとマイナスの双方が重なる領域である三角形 AGE は相殺されてゼロとなるため，

社会的余剰＝ $BGA - GFE$

となる。ここで，－ GFE は，**デッドウェイト・ロス**（死荷重）と呼ばれ，この部分があるということが，効率的な資源配分になっていないことを示していることになる。

それでは，外部不経済が発生している状況での効率的な資源配分の達成ないしは第3者への被害の緩和政策は，どのようにすればよいのであろうか。それには，市場参加者に対して，社会的限界費用に着目した経済行動をとらせる必要があり，それは外部性の内部化と呼ばれる。そしてその1つの解決策が，**ピ**

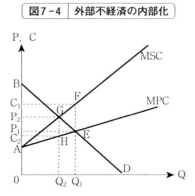

図7-4　外部不経済の内部化

グー的課税による外部性の内部化である。

図7-4において，社会的に望ましい経済取引水準は，社会的限界費用 MSC と需要曲線 D の交点 G で決まる OQ_2 である。したがって，Q_2Q_1 の旅客航空輸送量は，社会的には過剰なのである。こうした社会的限界費用に取引当事者を着目させるためには，社会的に望ましい旅客航空輸送水準における限界外部費用分（社会的限界費用と私的限界費用の乖離分）を政府が課税すればよいのである。この税は，イギリスの経済学者 A.C. ピグー（A.C.Pigou）が提案したことから，ピグー税と呼ばれている。

いま外部不経済が発生している状況（図7-4）において，政府が旅客航空輸送量1単位あたりに C_2P_2 のピグー税を課したとする。その場合，航空会社は，旅客航空輸送サービスの生産に関して自らの生産費用（私的費用）だけでなくピグー税分もかかるため，私的限界費用＋ピグー的課税＝社会的限界費用を考慮して運行を行うことになる。したがって，旅客航空輸送サービスの社会的限界費用 MSC と需要曲線 D の交点 G によって，取引される旅客航空輸送量は OQ_2 と決まり，旅客が支払う運賃は OP_2 となる。旅客の運賃は，OP_1 から OP_2 へと上昇しているが，これは旅客も外部性を内部化するためのピグー税を負担していることを表している。

ピグー税が課された場合の旅客航空輸送市場について，図7-4を使って余剰分析してみよう。まず航空会社の生産者余剰は三角形 C_2HA であり，旅客の消費者余剰は三角形 BGP_2 である。さらに政府の税収として，四角形 P_2GHC_2 が得られる。これら3つは，旅客航空輸送サービスの取引によってもたらされたプラスの部分である。しかしながら，ピグー的課税が行われた取引によってもなお，空港周辺住民は騒音・振動被害を受けている。この被害を金銭評価した外部費用は，三角形 AGH であり，これは旅客航空輸送サービスによってもたらされたマイナスの部分である。

したがって，ピグー的課税が実施された旅客航空輸送市場における社会的余剰は，

社会的余剰＝生産者余剰＋消費者余剰＋ピグー税収－外部費用

より，$C_2HA + BGP_2 + P_2GHC_2 - AGH = BGA$ となる（図7-4において，プ

ラスとマイナスの双方が重なる領域である三角形 AGH は相殺されてゼロとなる）。

外部不経済の状況において，ピグー的課税によって内部化が図られた場合の社会的余剰（BGA）は，何の政策もなされなかった場合の社会的余剰（BGA－GFE）に比べて，デッドウェイト・ロス（－GFE）分だけ大きくなっていることがわかる。

つまり，外部不経済が生じている場合，自由放任は市場の失敗をもたらすため，ピグー的課税といったような政府による適切な市場介入が求められるのである。

3 公共財

1　排除性と競合性

経済学では，財・サービスを，その消費に関する排除性と競合性の程度からいくつかに分類する。

ここで，**排除性とは，財・サービスの消費に際して，その代価を支払わない者をその消費から排除できるかどうか**というものであり，代価を支払わない者も消費できれば排除性が無い（非排除的）と呼び，代価を支払わない者が消費できなければ（代価を支払った者のみが消費できるのであれば）排除性がある（排除的）と呼ぶ。

次に**競合性とは，1つの財・サービスに対して，同時に複数の者が消費しようとした際，その1人当たりの消費量が減少するかどうか**といったものであり，消費量が減少しなければ（等量消費が可能ならば）競合性が無い（非競合性）と呼び，消費量が減少すれば競合性がある（競合的）と呼ぶ。いま，非競合的な財と競合的な財について，2人の消費者 A・B の各消費量 X_A・X_B と，それぞれの財の社会全体の供給量 Y の関係を表すと，

　　非競合的な財　$Y = X_A = X_B$

図7-5 経済財の分類

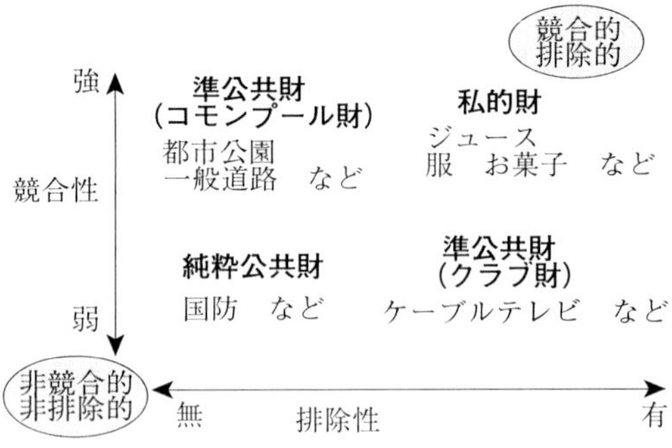

競合性 強↑弱

準公共財（コモンプール財）
都市公園、一般道路 など

私的財
ジュース、服、お菓子 など 〔競合的・排除的〕

純粋公共財
国防 など 〔非競合的・非排除的〕

準公共財（クラブ財）
ケーブルテレビ など

排除性 無←→有

$$競合的な財 \quad Y = X_A + X_B$$

となる。すなわち，非競合的な財は，社会に供給されると，同時に全員が同じ量だけ消費できることになる。一方，競合的な財は，社会に供給された量を各消費者間で分け合うことになる。

図7-5は，上述した排除性と競合性の程度から，財・サービスを分類したものである。この中で，前章までで暗黙裡に対象としてきた財・サービスは，消費に際して排除的かつ競合的な性質を有する**私的財**であった。それに対して，市場の失敗に関する本章で着目するのは，私的財以外の**公共財**（純粋公共財と準公共財）である。

図7-5において，**非排除的であり非競合的な性質を有する財を純粋公共財**と呼び，たとえば国防サービスが挙げられる。こういったサービスは，ひとたび生産されると代価の支払の有無とは関係なく誰もそのサービスの便益から排除されることがなく，またたとえ1人であろうが国民全員だろうが，そのサービスから得られる水準に変わりはない。

また，**非排除的であるが競合的な性質を有する財は準公共財**と呼ばれ，たとえば都市公園や一般道路が挙げられる。一般道路などは，無料で誰でも利用することができるが，利用者が増加して混雑してくると走行速度が低下してくるため，そこから得られるサービス水準が減少してしまう。なお，この準公共財は，**コモンプール財**と呼ばれることもある。

さらに，排除的であるが非競合的な性質を有する財も準公共財と呼ばれ，例

えばケーブルテレビが挙げられる。このようなサービスは，利用に際して代価を支払わせることで利用者を制限するが，利用可能となった利用者はみな同じ水準のサービスを消費できる。なお，このような準公共財は，**クラブ財**と呼ばれることもある。

2　公共財の供給と市場の失敗

　前章までは，競争市場における民間企業の自由な供給・経済活動の結果，価格の自動調整機能によって最適な供給量が達成されると議論していた。しかしながら，それが成立する財・サービスは，図7-5に示した私的財のみである。それ以外の公共財（純粋公共財・準公共財）は，競争市場ではうまく供給することができないため，市場の失敗の原因となっている。

　非排除的であり非競合的な性質を有する純粋公共財と，非排除的であり競合的な準公共財（コモンプール財）は，そもそもその消費者から直接代価を徴収することが技術的に困難かあるいは代価を徴収する費用が著しく高くなるため，その生産・販売から収入を得られないことから，利潤を追求する民間企業が自発的に供給する動機が働かない。

　また，こうした**非排除的な性質を持つ純粋公共財・準公共財（コモンプール財）は，たとえ自分が代価を支払わなくても，他の誰かが購入した財を消費することができる**ことから（これを**フリーライダー**あるいはただ乗りと呼ぶ），ある価格水準に対する需要意思は実際の需要量よりも過少申告されることになり，社会的に最適な供給量よりも過少となる。

　一方，排除的であるが非競合的な性質を有する準公共財（クラブ財）は，その消費者から生産者が直接的に代価を徴収し，収入を得られることから，利潤を追求する民間企業でも供給することが可能である。しかしながら，非競合的な性質を有するため，消費者が増加してもそれに伴って生産量を増加させる動機が生産者に働かず，過少供給になってしまう。

　以上のように，純粋公共財も準公共財（コモンプール財・クラブ財）もいずれも市場メカニズムでは最適な供給をもたらさないため，市場の失敗となる。

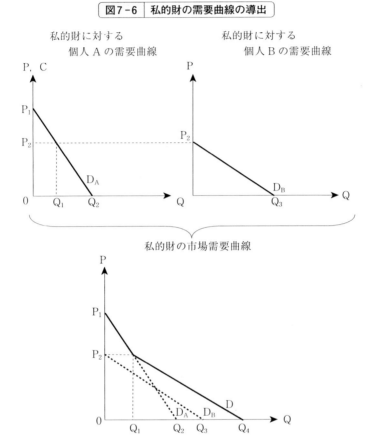

図7-6 私的財の需要曲線の導出

3　公共財の最適供給

　完全競争市場において私的財の最適供給は，市場供給曲線が市場需要曲線と交わる点で決定される。ここで，私的財の市場供給曲線とは市場に参加している各企業の限界費用曲線の合計であり，したがって市場供給曲線は集計化された企業の受取意思を示す。また，市場需要曲線Dとは市場に参加する各消費者（AとB）の個別需要曲線（D_AとD_B）の水平和であり（**図7-6**），し

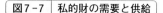

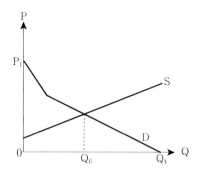

がって市場需要曲線Dは集計化された消費者の支払意思を示す。この企業の意思を表す市場供給曲線Sと消費者の意思を表す市場需要曲線Dが一致した点Eで決定されるQ_Eが私的財の最適供給量であり，ここにおいて社会的余剰が最大化される（**図7-7**）。

一方，公共財の最適供給についても（市場で供給可能であるならば），市場供給曲線と市場需要曲線の交点で決定されることは同じである。しかしながら，非競合的な性質を有する公共財の場合は，全ての消費者が同時に同じ量だけ利用できるため，その市場需要曲線が各消費者の個別需要曲線の垂直和となることに注意が必要である（**図7-8**）。

なお，公共財においても，市場供給曲線Sと市場需要曲線Dが一致した点Eで決定されるQ_Eが最適供給量となる（**図7-9**）。この公共財の最適供給点においては，「限界費用＝各消費者の支払意思の合計」となっており，これを**サミュエルソン条件**と呼ぶ。

ただし，公共財の場合，フリーライダー（ただ乗り）が存在するため，各消費者の財への選好が正しく需要曲線に反映されず，したがって最適供給量よりも過少にしか供給されず，効率的な資源配分は実現されない。つまり，公共財については，たとえ市場に委ねることができたとしても，最適な資源配分は実現されず，市場の失敗が発生するのである。

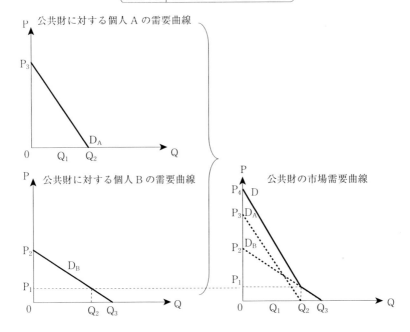

図7-8 公共財の需要曲線の導出

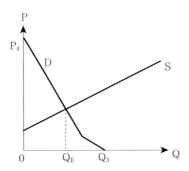

図7-9 公共財の需要と供給

4 公共財の供給に関する政策

　純粋公共財とコモンプール財については，非排除性の性質を有することから，民間企業にとって利潤動機が働かないため，競争市場での供給は不可能である。また，クラブ財については，排除性の性質を有することから民間企業による供給は可能であるが，非競合性の性質を有するため市場に委ねると過少供給となってしまう。

　いずれにしても，公共財は市場に委ねても最適な供給量は実現できず，資源配分は最適化されないため，その供給を政府に委ねる方法が考えられる。すなわち，公共財は政府がその最適供給水準だけ公的に供給し，その供給費用を租税によって償うという方法である。しかしながら，図7-9における最適供給量 Q_E を実現するためには，政府が需要曲線Dに関する情報を正確に把握していなければならないが，前述したようにフリーライダーが存在することから，需要曲線Dは公共財の消費者の実際の需要を必ずしも正しく反映したものとなっているわけではない。そのため，公共財に対する国民の真の需要を政府が把握することはかなり困難であり，したがって政府が公共財を公的に供給したとしても，最適な供給量を実現することは困難である。

費用逓減産業

1 費用逓減産業

　完全競争市場では，市場への参入・退出の自由が想定されているが，そのことは企業が市場へ参入・退出する際に極めて小さな費用しかかからないということを仮定していることになる。市場への参入に際する費用が小さいということは，その企業の長期費用曲線群は，図7-10のようにU字型となり，長期平均費用（LAC）は生産量 Q^* までは逓減し，それを越えると逓増する。また，市場からの退出に際する費用が小さいということは，退出に伴い不要となった

生産設備の汎用性が高いということ，すなわち埋没費用が小さいということを含意する。そういった費用関数ないしは生産技術に関する要件を持つ市場であれば，競争によって非効率な企業は効率的な企業にとってかわり，全体として最適な資源配分が達成される。

しかしながら，市場への参入に際しての初期費用が巨額になる企業ないしは埋没費用が大きい企業については，そもそも簡単には市場へ参入することが困難であり，また市場からの退出は埋没費用を発生させ資源配分を非効率にする。こうした初期費用が巨額な企業の長期費用曲線群は，**図7-11**のように，かなりの生産量にわたって逓減する。すなわち，このように**莫大な初期費用**がかか

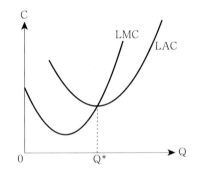

図7-10　一般的な企業の長期費用曲線群

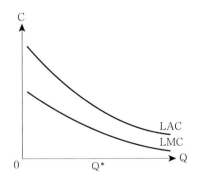

図7-11　費用逓減産業の長期費用曲線群

るということは，市場全体の需要量を満たすほどまで生産量を増やし続けても，規模の利益が働き，長期平均費用が逓減しつづけるのである。したがって，このような費用構造を持つ企業は**費用逓減産業**と呼ばれ，しばしば鉄道事業や電力事業がその例として挙げられる。たとえば，鉄道事業を新たに始めようとすると，用地・線路・駅舎・操車場・車両など最初に莫大な費用がかかり，またそれらは利用者が数万人だろうが1人だろうが不可分的に必要となる生産要素である。こうした鉄道事業では，輸送量を増やし続けると，輸送量1単位当たりの費用は逓減していく。

2　自然独占

　上述したような費用逓減産業において，仮にその市場に複数の企業が参入しており，競争にさらされたとすると，どのようなことが生じるであろうか。長期平均費用が逓減する場合，生産規模を拡大した企業は費用の低下によって規模の経済を享受できるため，市場シェアを拡大しようと激しい価格競争となり，他の企業を市場から駆逐するまでそれが続くことになる（これを破滅的競争と呼ぶ）。すなわち，このような市場では，市場原理に任せておくと，弱い企業は市場から次々と淘汰され，最終的に1社のみが生き残ることになり，自然と独占になってしまう。このような独占を**自然独占**と呼ぶ。自然独占の場合も，第6章で見てきた独占企業の行動と同様に，社会的余剰は最大化されず，最適な資源配分が実現されない。

　図7-12は，費用逓減産業（自然独占企業）の生産行動を表している。このような市場において，自然独占企業が利潤最大化行動をとるならば，限界収入曲線 MR と長期限界費用曲線 LMC が等しくなる点 F における生産量 Q_m で生産を制限し，その生産量水準での需要曲線 D の高さに相当する価格 P_m を設定する。そのとき，社会的余剰は，消費者余剰 ABP_m と生産者余剰 $P_m BFK$ を合せた ABFK となる。しかしながら，社会的余剰が最大となる最適な生産量は，需要曲線 D と長期限界費用曲線 LMC の交点 E で決まる生産量 Q^* であり，社会的余剰は AEFK となり，自然独占の利潤最大化行動は最適な生産量水準をもたらさないことは明らかである。デッドウェイト・ロスは BEF となる。

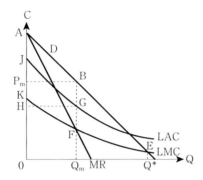

このように,費用逓減産業は,市場の競争原理に任せると,自然独占となり,効率的な資源配分とはならず,市場は失敗する。また,こうした市場から淘汰された企業の生産施設は,初期費用が莫大であるがゆえに,転用できない場合は大きな埋没費用となり,資源の無駄となってしまう。

3　自然独占に対する規制政策

　費用逓減産業は,自由放任にすると破滅的競争によって強い企業の独占市場となり,埋没費用も発生し,効率的な資源配分からは乖離してしまう。そこで,政府は,費用逓減産業に対しては,当初から市場における独占を認め,そのかわりに価格規制によって企業の行動を誘導することで,効率的な資源配分を達成させることが可能となる。

　政府の費用逓減産業に対する価格規制の1つが,**限界費用価格形成原理**である。図7-13において,社会的余剰が最大となる効率的な生産量は需要曲線Dと長期限界費用曲線LMCの交点Eで決まる生産量Q^*である。当該市場において,その生産量Q^*を実現させるために,政府は市場への参入規制を行って1社のみに独占を認めるかわりに,その企業に対して価格をP^*に設定するように規制を行う。価格P^*は,長期限界費用曲線LMCと需要曲線Dの交点の高さと等しいため,需給量水準はQ^*となり,最適な資源配分が達成される。

| 図7-13 | 限界費用価格形成 |

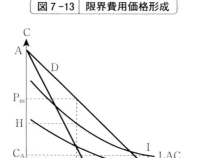

このように，**政府が最適な資源配分を目的に，市場価格を限界費用に等しく規制することを限界費用価格形成原理**と呼ぶ。この限界費用価格形成が実施されたとき，価格 P^* は独占価格 P_m よりも明らかに低く，また取引量水準 Q^* は独占状態のときの Q_m に比べて明らかに大きくなることから，消費者は安価な価格で多くの財・サービスを享受できることになる。しかしながら，この限界費用価格形成が実施されると，当該企業の収入は，Q^*EP^*0 であるが，それに対する生産費用は Q^*IC_A0 であり，したがって企業は EIC_AP^* の損失を被ることになる。そこで，政府は当該企業が赤字を理由に市場から撤退することがないように，退出規制を行うとともに，損失を補填するために補助金を支給することが求められる。ただし，政府が企業に対して欠損補助を支給するということには，受益と負担の不一致による所得分配の不公平性の問題や，費用節減等の経営努力に関する企業の意欲低下といった問題が生じる恐れがある。

第 8 章

マクロ経済学

キーワード

- **資源配分**
  資源配分とは，労働，資本，土地・天然資源といった生産要素を各企業が購入して，各種の財・サービスを生産し，それが各家計によって消費されていく機構自体のことをいう。語句のイメージから，それを天然資源の配分であると解さないように注意しよう。

- **有効需要の原理**
  有効需要の原理は，ケインズ理論の 1 つの柱で，「供給はそれ自らの需要を創り出す」というセイの法則を否定した「需要が供給を決定する」という理論である。

- **流動性選好説**
  流動性選好説は，ケインズ理論のもう 1 つの柱で，利子率は貨幣需要と貨幣供給の関係で決定されるという理論である。流動性選好とは，人々の現金に対する需要，つまり貨幣需要のことである。

- **IS-LM 分析**
  IS-LM 分析は，国民所得と利子率は相互に影響しあいながら同時的に決定されるべきであるという理論である。これは，生産物市場と貨幣市場の両市場を考慮して，国民所得と利子率の同時的決定を説いた，いわゆる「マクロの一般均衡分析」である。

- **IS 曲線，LM 曲線**
  IS 曲線とは，生産物市場の均衡条件（投資＝貯蓄）を満足した国民所得と利子率の組合せを示した曲線である。LM 曲線とは，貨幣市場の均衡条件（貨幣需要＝貨幣供給）を満足した国民所得と利子率の組合せを示した曲線である。

- **長期波動**
  長期波動とは，50〜60年を周期とする景気循環のことで，その発見者の名をとって「コンドラチェフの波」とも呼ばれる。その原因は，イノベーション（技術

革新）とされる。

現代の政府の役割

1　安価な政府から大きな政府，そして小さな政府

　政府は，第9章でみるように家計，企業と並ぶもう1つの重要な経済主体であり，家計の消費活動と企業の生産活動を調整する主体である。19世紀のイギリスにみられるように，かつての政府の最も重要な仕事は，家計や企業の自由な経済活動を最大限に保障することに求められ，それに政府が直接介入することはかえって経済秩序を乱すと考えられ，**安価な政府**（Cheap Government）が政府の理想とされた。それゆえ，政府の仕事は，国防，国内の治安の維持，国土の保全，公共事業と公共施設の維持などの最小限の仕事にとどめるべきであるとされた。

　しかし，1929年に始まった世界恐慌を克服するためには，家計と企業の自由な活動に任せておいたのでは失業は解決できないとされ，アメリカの「**ニューディール政策**」にみられるように政府の経済政策，さらにいえば「**政府の見える手**」（Visible Hand of Government）が求められるようになった。これを契機に，1930年代以降政府の役割は増え，経済の安定的拡大，国土の開発，教育の向上，さらには社会福祉の充実などを図るために，政府の経済活動の拡大が求められるようになった。こうして，政府の経済活動を抜きにしては経済を語れないほど，経済のなかで果たす政府の役割は増大し，強化されるのである。というのは，市場機構に任せておいたのでは社会的に望ましい結果が得られなくなったためであり，どうしても社会的に望ましい結果を得るためには政府の経済への介入，規制が必要となったのである。このように，政府の経済活動が次第に増えるにともなって政府支出が大きくなり，国家財政上問題が生ずるほど「**大き**

な政府」になると，先進諸国では1970年代後半以降「小さな政府」を目指し，財政支出を削減する取組みがなされるようになる。

2 現代の政府の役割

　18世紀後半から19世紀前半，大雑把にいえば1929年の世界恐慌が起こる以前においては，いまも述べたように「安価な政府」が理想的な政府であったが，それはそれ以降大きく転換し，政府の活動が重視されるようになり，政府の役割は大きく変化し，増大した。今日では，福祉国家がその理想とされている。

　それでは，現代の政府には，どのような役割が求められているのであろうか。政府は，その役割において家計や企業とは全く異なった側面をもっている。現在，政府の経済活動はあまりにも肥大化し，民間の活力が失われてきていることから，**市場機構の働き**を活用した取組みもなされるようになっている。このように，政府の経済活動は変化してきているが，基本的には次のような役割が現代の政府には求められている。

(1) 資源配分の効率化

　これは，政府の果たすべき役割のなかでも基本的なものであり，国民の生活基盤となり，民間企業によっては十分にはなしえないものを政府が担当し，またそれによって**資源配分**の調整を図ろうとするものである。**資本主義経済**においては，資源配分は市場機構ないし価格メカニズムに委ねられているが，その働きによって資源配分の効率化が達成される場合には，政府の果たすべき役割は最小限でよいことになる。しかし，それが市場機構の働きによっては達成されない場合には，政府の経済への介入が要請され，その役割も大きくなる。たとえば，道路や下水道といった**公共財**の場合には，私的財とは異なり，市場機構に任せておいたのではそれは供給されにくいから，政府によって提供されなければならない。この意味でいえば，「公共財の提供」が現代の政府の役割の1つであるともいえる。また，公害のような**外部不経済**が存在する場合には，課税によって政府が市場機構に介入することが求められる。

　公共財の提供に関する問題は，先にみたように市場機構外での問題であり，

価格メカニズムの働きだけでは解決しえない問題である。公共財は，私的財とちがって，市場機構に任せておいたのでは供給されにくいから，政府の経済への介入が求められ，政府の役割は大きい。では，公共財とは，どのような財であろうか。公共財は，市場機構を通じてではなく社会的ないし政治的な意思決定機構を通じて提供される財のことであり，それは次のような基本的性質をもった財である。

まず，①**非排除性**があげられる。これは，ある人の消費が他の人の消費を妨げないということをいう。たとえば，一般の道路の場合，ある人が利用したからといって他の誰もがその利用から排除されることはない。しかし，私的財のパンの場合には，お店にパンがあってそれをすべてある人が買ってしまえば他の人は買えなくなってしまうから，排除性という特質が貫かれている財なのである。つぎに，②**費用の負担と受益の関係が直結していない**ことである。私的財の場合には，対価を支払わないと自らのほしいものを得ることができない。つまり，その生産に要した費用を負担しないと便益を享受できないのである。このように，私的財の場合には，負担と受益の関係が直結しているが，公共財の場合には直結していないのである。そのため，対価を支払わないで便益だけを享受する場合がありうるのである。いわゆる**ただ乗り**が発生する余地が公共財の場合にはある。したがって，公共財の提供に際しては，ただ乗り防止策が課題となる。その理想的方法は，国民の理性に任せることである。もう1つの方法は，私的財化，つまり有料化することである。たとえば，救急車の救急サービスが有料の国と無料の国があるが，有料化すればただ乗りができなくなる。しかし，それが無料の場合にはタクシー替わりに利用され，ただ乗りされる場合がある。さらに，③**共同消費，同時的消費**できる財であること。これは，一般の道路にみられるように誰もが共同で同時に利用できるということである。

(2) 所得の再分配

これは，国民の所得分配の公平化を図るために，個人間の所得格差を調整しようとするものである。所得分配を市場機構に任せておいた場合，個人間の所得格差，言い換えれば不平等な所得分配は避けられないから，それを市場機構に直接介入しないで所得分配の公平化を図ることが現代の政府には求められて

いる。では，なぜ所得分配を市場機構に任せておくと，所得格差が生ずるのであろうか。それは，市場機構を基礎としている経済においては，所得分配は機能的分配によってなされているからである。**機能的分配**とは，所得が生産要素の生産に果たす機能にしたがって分配されるこというが，たとえば，労働でいえば労働の生産に果たす働きが大きいほど受け取る所得は多くなり，逆にその働きが小さくなるほど所得は少なくなる。このように，所得分配が機能的分配によってなされていると，所得格差が不可避であるから，それを調整することが政府には求められる。

　そこで，今日では，政府は，歳入と歳出の両面から**所得再分配政策**を実施している。この所得再分配政策は，垂直的所得再分配政策と水平的所得再分配政策に大別される。**垂直的所得再分配政策**とは，歳入面から所得階層間の所得格差を是正しようとする政策で，例として**累進課税**があげられる。この政策は，所得税，相続税，住民税などにみられるような累進課税によって所得格差を是正しようとするものである。たとえば，所得税は累進課税で，所得の高い人ほどより高い税率で税金を納めているが，これは所得の高い人ほど相対的に多く税金を納めていることを意味している。他方，**水平的所得再分配政策**とは，歳出面から政府が経済的に不利な状態にある人に援助し，所得の再分配を図ろうとする政策で，例として**移転支出**があげられる。この移転支出は，問題にもされるが，これには生活保護費，老齢年金，失業保険などがあるが，これらは所得再分配の効果をもっている。

　ここで，いまも登場した租税について，基礎的な事項をみておこう。租税は，直接税と間接税に大別される。**直接税**には，所得税，相続税，贈与税，法人税などの国税，住民税，固定資産税，都市計画税などの地方税がある。一方，**間接税**には，消費税，たばこ税，酒税，関税などがある。直接税と間接税の違いについてみると，まず①直接税は**累進的**であるのに対して間接税は**逆進的**であること。いま，日本では消費税の引き上げが問題となっているが，消費税は間接税であるから，逆進的な性格をもっているのである。**逆進性**とは，所得の低い人ほど不利になることをいうが，消費税はそのような性格をもっているのである。つぎに，②直接税は納税義務がある人と実際に税を負担する担税者が同じであるのに対して，間接税は納税義務者と担税者が同じではないことである。

間接税の場合には、ある納税義務者から他の納税者に租税の負担が移転されることが多いから、間接税は**転嫁**される税とも呼ばれる。さらに、このような両者の違いに加えて、直接税と間接税の比率、いわゆる直間比率についても覚えておこう。日本の現在の**直間比率**は、6：4になっている。戦前、それは現在とは逆に4：6で、間接税の方が高かった。戦後、日本の税制は直接税中心主義の確立をすべきであるという**シャウプ勧告**が昭和24年になされたが、その当時の直間比率は5.5：4.5あまりであった。それ以降、世界に例をみないような高度経済成長にともなって直接税収入が増加し、戦後長い間それは7：3が続いた。しかし、平成元年度（1989年）3％の消費税が導入され、さらに平成10年度には5％にそれは引き上げられ、次第に間接税収入が増えて、現在直間比率はほぼ6：4になっている。

(3) 経済の安定化

これは、物価の安定、完全雇用の達成などを図るために、財政支出の増減、所得税率の上げ下げなどの方法を通じて、国民経済全体の有効需要をコントロールし、景気の調整を図ろうとするものである。そのような景気の調整を図ろうとする制度と手段には、景気を自動的に調整しようとする制度ないし仕組みと、景気を裁量的に調整しようとする手段がある。前者の例としては、**ビルト・イン・スタビライザー**（自動安定化機能、自動安定装置と呼ばれる）があるが、これは財政の仕組みないし制度それ自体が景気を自動的に調整する機能ないし装置をもっていることをいう。このビルト・イン・スタビライザーの例としては、歳入面では所得税や法人税にみられる累進的課税制度、歳出面では失業保険制度があげられる。たとえば、景気がよくなって所得が増えると、誰もがうれしいと思うであろう。それは、前よりももっとものを多く買えるようになるだろうと思うからである。しかし、それは思うように増えないのである。所得税は累進的になっているから、所得が増えるとより高い税率で税金をとられるようになり、自動的に家計の購買力が抑制されてしまうからである。言い換えれば、政府は、何もしなくても自動的に家計の購買力を税金として吸い上げ、総需要を抑制することができるのである。他方、歳出面の失業保険制度についてみると、たとえば、好況のときには、失業者が減少するから失業保険の

支払が減少し，就業者の所得が増加して税金が増えるから，購買力は民間から吸い上げられる。逆に，不況のときには，失業保険の支払は増えるとともに，就業者の所得が減少して税金は減少するから，購買力が民間に注入され景気の下降は抑えられる。

このような景気を自動的に調整する仕組みないし制度に対して，景気を裁量的に調整しようとする手段には，**裁量的財政政策**がある。これには，財政支出の増減と所得税率の上げ下げといった方法があるが，詳しくは第12章で説明する。

以上，現代の政府には，基本的には資源配分の効率化，所得の再分配，経済の安定化といった役割が求められているが，さらには経済成長の適正化の役割もある。これは，国民福祉の向上のため，経済成長の適正化を図ろうとするものである。国民の福祉を持続的に高めるためには，適正な経済成長率を実現することが必要となるが，この点で日本では戦後長い間第二の予算とも呼ばれた財政投融資が大きな役割を演じてきたが，現在ではその規模も小さくなり，その役割は小さくなっている。

2 ケインズ理論と有効需要の原理

1 ケインズの有効需要の原理とセイの法則

ケインズの有効需要の原理は，ケインズ経済学の中心をなすものであると同時に，マクロ経済学の国民所得分析の中核をなすものである。それは，19世紀の正統派経済学を批判したものである。さらにいえば，ケインズは古典派経済学の支柱であった，「供給はそれ自らの需要を創り出す」という**セイの法則**を否定し，有効需要の原理を唱えたのである。

セイの法則は，古典派経済学において長く生き続けた考え方である。供給はそれ自らの需要を創り出すということは，もっとわかり易くいえば100の供給は100の需要を生み出すということであり，企業が生産した生産物はすべて売れているということである。つまり，それは供給が需要を制約するということ

である。言い換えれば，それは社会全体の総供給が恒常的に総需要に一致していることを意味している。このセイの法則は，貨幣は売買取引の一手段にすぎず，それを貯蓄するとは考えられないから，それは必ず支出されるはずであるという考え方に基づいている。しかし，貨幣は，第13章で詳しく説明するが，売買取引の媒介手段として機能するだけでなく，他の機能をも果たすことを考えれば，この法則は物々交換の時代には成立し得ても，現代のような貨幣経済のもとでは容易に成立し得ないであろう。貨幣経済の下では，供給が貨幣所得をもたらしたとしても，その一部は貯蓄されるから，貯蓄がすべて投資されない限り，その貨幣所得はすべて支出されることにはならない。セイの法則は，このような支出面を無視した考え方なのである。

　このセイの法則を否定し，ケインズは**有効需要の原理**を唱えたが，この原理は需要が供給を生み出すということであり，さらにいえば需要が供給を決定するということである。セイの法則では無視された点であるが，貨幣所得の一部が貯蓄されると，それだけ消費量は減少し，それによって供給が影響されることになるのである。要するに，この原理は，社会全体の総需要が総供給を決定することを明らかにしたもので，それは**図8-1**でいえば有効需要が雇用量，国民所得を決定するということであり，また**図8-2**の国民所得の循環の図でいえば，**支出国民所得**（意図した支出）が**生産国民所得**（GDP）を決定すると

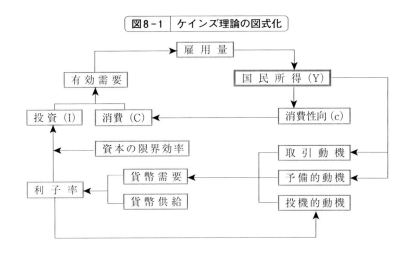

図8-1 ケインズ理論の図式化

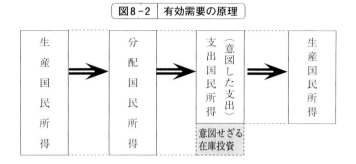

いうことである。

　このように，ケインズは，需要側が供給側を決定するという考え方を基本に据え，国民所得の大きさは総需要によって決定されるとし，国民所得の決定のイニシアティブは総需要にあるとしたのである。

2　ケインズ理論の概要

　ケインズ理論は，マクロ経済学の勉強に際して避けて通れないが，**図8-1**はいま何を勉強しているのかという道標にもなる。また，この図を見ないで描けるようにしておくと，いろんな問題の解答にも大いに役立つであろう。よく問題にもされるが，ケインズのいう**有効需要**とは何かという問題にも，図を覚えていれば消費と投資を足した総需要のことであると答えることができる。有効需要の原理によれば，いまも述べたようにこの有効需要によって国民所得が決定されるが，この原理にもとづく国民所得の決定がケインズ理論の1つの柱である。**45度線**を用いた有効需要の原理にもとづく**国民所得決定**のメカニズムについては，第11章で詳しく説明する。

　さて，有効需要は消費と投資とからなるが，消費は国民所得に依存して決定される。その依存関係を示した式は，**消費関数**と呼ばれる。ケインズは，消費の大きさに影響を与える短期的な諸要因を分析し，そのなかで最も重要な要因は所得であるとし，消費は所得の関数であると考えたのである。いま，消費をC，基礎消費（これは所得に依存しない消費支出で，独立消費とも呼ばれる）

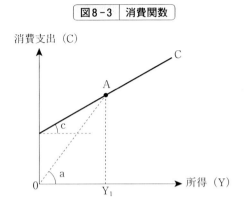

図8-3 消費関数

を c_0，限界消費性向を c，所得を Y とすれば，消費関数は次のように示される．

$$C = c_0 + cY \tag{1}$$

　この式は，ある一時点における所得と消費の関係を示した，短期の消費関数であり，それを図示したのが**図8-3**の右上がりの直線である．なお，消費関数の傾きを示す**限界消費性向**（c）は，一般に所得が増加すると消費支出も増加するが，所得の増加分（ΔY）に占める消費支出の増加分（ΔC）の割合で，$\Delta C / \Delta Y$ のことである．この(1)式は，消費は所得に依存しない消費支出（基礎消費）と所得の増加にともなって増加する消費支出とからなることを示している．この消費関数は，「消費支出は所得の増加ほど増加しない」（これはケインズの心理法則と呼ばれる）ということを仮定している．以上のように，ケインズは，消費は所得の関数であると考えたが，このような消費関数の考え方は**絶対所得仮説**とも呼ばれる．

　いま，消費関数が(1)式のような場合，図から読み取れる興味深いことは，消費関数上のA点と原点を結んだ点線の傾き（a）は**平均消費性向**，つまり所得に占める消費支出の割合のことであるが，それは所得が増えると次第に低下するということである．これは，所得が増えると，所得に占める消費支出の割合が低下し，所得に占める貯蓄の割合（平均貯蓄性向ないし貯蓄率）は上昇することを意味している．

図8-1に戻ると，有効需要はいまみてきたような消費と，投資とからなるが，投資は貨幣市場における利子率と企業の予想収益率ないし予想利潤率である資本の限界効率との関係によって決定される。

さて，ケインズ理論のもう1つの柱は，**流動性選好説**と呼ばれる利子率決定の理論である。まず，利子は一般には貨幣資本の使用に対して支払われる報酬のことであるが，ケインズは**利子**を貨幣のもつ便利さ，すなわち貨幣の流動性を一定期間手放すことに対する報酬であると考えた。ケインズは，利子をどのように考えたか，しっかり捉えておこう。**流動性**とは，私たちは何か欲しい場合，いつどこでも自ら持っているものを手離し，自らの欲するものを手にすることができるという**便利さ**のことである。私たちは，貨幣さえ持っていれば，いつどこででも自らの欲するものを手にすることができるから，貨幣が最も流動性が高いといえる。このように，貨幣は，いつどこでも何とでも交換できるという便利さを持っているが，ここに貨幣の貨幣たる本質がある。

ところで，ケインズは，図にみられるように利子率は貨幣需要と貨幣供給の関係で決定されるという流動性選好説を提唱した。彼は，人々の現金に対する需要，すなわち貨幣に対する需要を**流動性選好**と呼び，それは3つの独立した動機，すなわち①取引動機，②予備的動機，③投機的動機に基づいて出てくるとしたのである。貨幣は，これら3つの動機に基づいて需要されるという考えはケインズの唱えたものでるが，それは現在でも通説となっている。まず，①の**取引動機**とは，家計にとっては所得動機であり，企業にとっては営業動機である。したがって，この動機にもとづく貨幣需要は，家計にとっては，たとえば月々の確定的な消費支出にあてるための現金に対する需要であり，企業にとっては月々の確定的な営業支出にあてるためのそれである。

次に，②の**予備的動機**に基づく貨幣需要は，偶発的な貨幣需要に備えるためのものである。たとえば，それは，家計であっても企業であっても予期しないより有利な購入の機会に出会う場合があるが，そのような場合の支出に備えて一定額の現金の保有が必要になるということである。また逆に，思いがけない不利ないし不運な事態に遭遇する場合もあり，そのためにも一定額の貨幣の保有が必要となる。

この①と②に基づく貨幣需要は，その性格からすると比較的安定的であり経

常的であることから，ほぼ国民所得あるいは産出高に依存する。両者は，どのような依存関係にあるかといえば正の関係にあり，①と②に基づく貨幣需要（L_1）は国民所得（Y）の増加関数であると考えられる。たとえば，国民所得が増加すれば，それらの動機に基づく貨幣需要も増加するという関係である。いま，それを式で示せば，

$$L_1 = kY \tag{1}$$

となる。なお，kは**マーシャルのk**とよばれるが，それは所得速度（これは貨幣数量に占める国民所得の割合，すなわち国民所得／貨幣数量のことである）の逆数に当たるものである。このkは，物価水準が変わらない限り短期的には一定の値をとるが，貨幣の代用物である手形やキャッシュカードの利用が盛んになれば小さくなるであろう。

さらに，③の**投機的動機**にもとづいても貨幣は需要される。すでに述べたように，貨幣のもつ流動性は高いから，人々は資産の一部を貨幣の形で保有しようとする。とくに，それは企業にとって重要な問題であり，企業者は市場の変動，物価の動向などを常に予測し，株式その他の有価証券の売買，資材の購入や商品の販売に迅速に対応しなければならないから，貨幣に対する需要が生ずるのである。この③の投機的動機に基づく貨幣需要は，利子率の動きに敏感であるが，それは利子率と逆の動きをする。利子率が上昇すれば，現金保有量は減少し，逆に利子率が低下すれば，現金保有量は増加する。このように，投機的動機にもとづく貨幣需要（L_2）と利子率（r）とは負の関係にあるから，L_2は利子率の減少関数となる。いま，それを式で示せば，

$$L_2 = L_2(r) \tag{2}$$

となる。

したがって，全体としての貨幣需要（L）は，(1)+(2)となる。すなわち，

$$L = kY + L_2(r) \tag{3}$$

となる。

いま，貨幣供給量をMとすれば，貨幣需給方程式は，

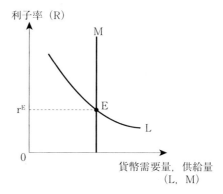

図8-4 利子率の決定利子率の決定

$$M = kY + L_2(r) \tag{4}$$

となる。ここで，短期的にはkもYも一定の値をとるから，この(4)式から利子率が決定される。このように，kとYを一定とすれば，利子率は**流動性選好**（貨幣需要量）と貨幣の供給量の関係で決定される。それを**図8-4**を使って説明すると，利子率は流動性選好曲線（貨幣需要曲線）Lと貨幣供給曲線Mとの交点Eに対応してr^Eに決定される。要するに，この最初にも述べたようにケインズの流動性選好説によれば，利子率は貨幣需要と貨幣供給の関係によって決定されるのである。

3 マクロの部分均衡分析と一般均衡分析

1　ケインズ理論とマクロの部分均衡分析

　ケインズの有効需要の原理に基づく国民所得の決定メカニズムは，第11章で詳しく取りあげるが，生産物市場だけを問題とする，いわゆるマクロの部分均衡分析である。**図8-1**にもみられるように，国民所得の大きさは，有効需要，すなわち消費と投資を足した総需要によって決定されるが，その有効需要の一

方の構成要素である投資は貨幣市場で決定される利子率との関係で決定される。ケインズ理論では，**生産物市場**における国民所得の決定を考えるに際して，**貨幣市場**における利子率はあらかじめ与えられたものとするのである。このように，利子率が外生的に一定と与えられていなければ，投資の決定メカニズムを通じて投資量が決定されないから，国民所得の大きさも決まらないことになる。また，ケインズ理論のもう1つの柱である**流動性選好説**は，貨幣の需給均等による利子率決定の理論であり，貨幣市場だけを問題とする部分均衡分析である。利子率は，図にみられるように貨幣の需要と供給の関係で決定されるが，流動性選好と呼ばれる貨幣需要は取引動機，予備的動機，投機的動機という3つの動機にもとづいている。そのうち取引動機と予備的動機に基づく貨幣需要は，生産物市場における国民所得に依存しているが，利子率の決定を考えるに際してはその国民所得はあらかじめ与えられたものとするのである。このように，国民所得の大きさがあらかじめ決定されていなければ，利子率も決まらないことになる。要するに，国民所得と利子率に関するそれぞれの決定理論は，いずれも相互の市場の均衡を前提とした**部分均衡分析**なのである。

　ところで，国民所得と利子率は，実際には相互に関連し影響しあっているのである。利子率が上昇したり低下したりすれば，それは消費と投資に影響を与え，総需要の大きさに変化をもたらす。また，利子率は，国民所得の大きさに依存している。したがって，実際には国民所得と利子率は，相互に影響しあいながら同時的に決定されるものと考えるべきである。このような国民所得と利子率の同時的決定を説いたのが **IS-LM 分析**である。要するに，この IS − LM 分析は，生産物市場と貨幣市場の両市場を考慮して，国民所得と利子率の同時的決定を考えた，いわゆる「**マクロの一般均衡分析**」である。

2　マクロの一般均衡分析と IS − LM 分析

　この IS-LM 分析についての理解は，公務員試験の必須事項であるばかりでなく，第13章の財政政策と第14章の金融政策の理解にとって重要となる。まず，**IS 曲線**とは，どのような曲線なのだろうか。それは，生産物市場の均衡条件，すなわち投資（I）＝貯蓄（S）を満足した国民所得と利子率の組み合わせた曲

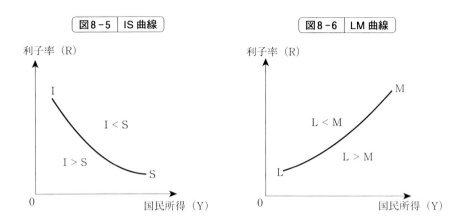

線のことで，それを示したのが**図8-5**のIS曲線である。このIS曲線上では，生産物市場で経済は均衡し，投資＝貯蓄（I＝S）となっている。しかし，この曲線上以外のところ，すなわちIS曲線の上方の領域とその下方の領域では両者は等しくなく，経済は不均衡となっている。いま，経済がLM曲線の上方の領域にある場合には，生産物市場では貯蓄が投資を上回り（I＜S），超過供給の状態になっている。逆に，経済がIS曲線の下方の領域にある場合には，投資が貯蓄を上回り（I＞S），超過需要の状態にあると考えられる。次に，**LM曲線**とは，貨幣市場の均衡条件，すなわち貨幣需要（L）＝貨幣供給（M）を満足した国民所得と利子率の組合せを示した曲線のことで，それを図に示したのが**図8-6**のLM曲線である。このLM曲線上では，貨幣需要＝貨幣供給（L＝M）となっている。しかし，このLM曲線上以外のところ，すなわちLM曲線の上方の領域とその下方の領域では両者は等しくなく，経済は不均衡となっている。いま，経済がLM曲線の上方の領域にある場合には，貨幣市場ではL＜Mで，超過供給の状態にあり，逆に経済がその下方の領域にある場合にはL＞Mで，超過需要の状態にあると考えられる。

　いまみたように，IS曲線の下方の領域では，I＞S（上方の領域ではS＞Iとなる）となり，LM曲線の下方の領域ではL＞M（上方の領域ではM＞Lとなる）となるが，なぜそうなるのかはここでは省略し，公務員試験講座でよく用いるその覚え方をひとつ紹介しておこう。女性が，成人式などで着ている振袖

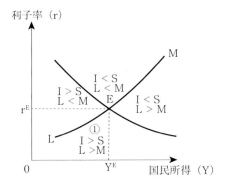

図8-7 国民所得と利子率の同時決定

姿を想像してほしい。その「振袖の右手（IS 曲線）と左手（LM 曲線）の下の部分は需要が多い」と覚えておけば、いずれの領域の問題が出ても対応できる。たとえば、右手の下方の領域は投資需要が貯蓄より多く、左手の下方の領域は貨幣需要が貨幣供給より多くなっている。**図 8-7** の①の領域は、IS 曲線，LM 曲線の下方の領域にあるから，生産物市場も貨幣市場も需要が多い，つまり I＞S，L＞M の状態になっている。

ところで，生産物市場の均衡条件，すなわち投資（I）＝貯蓄（S）と貨幣市場の均衡条件，すなわち貨幣需要（L）＝貨幣供給（M）の両条件を同時に満足した国民所得と利子率の組合せは，図では IS 曲線と LM 曲線の交点 E に対応して，**図 8-7** に示したように均衡国民所得は Y^E，均衡利子率は r^E に決定される。

3　IS 曲線，LM 曲線と財政政策，金融政策

いまみたように，I＝S，L＝M の条件を同時に満足した国民所得と利子率は，IS 曲線と LM 曲線の交点に対応して決定されるが，IS 曲線，LM 曲線のシフトによって，国民所得と利子率の均衡水準がどのように変化するのかを理解することが重要である。では，IS 曲線，LM 曲線は，どのような要因によってシフトするのであろうか。まず，IS 曲線の右方シフト要因には，財政支出の増大，

所得税率の引下げ，限界消費性向の上昇（限界貯蓄性向の低下）などがあり（左方シフト要因はこの逆となる），LM曲線の右方シフト要因には貨幣供給量の増大，流動性選好（貨幣需要）の減少，物価の下落などがある（左方シフト要因はこの逆となる）。ここで重要となるのが，IS曲線とLM曲線のシフトと第12章で取りあげる財政政策，第14章で取りあげる金融政策との関係であるが，財政政策は **IS曲線のシフト**に，金融政策は **LM曲線のシフト**に反映される。たとえば，財政支出の増大，所得税率の引下げといった財政政策は，図ではIS曲線の右方へのシフトに，また貨幣供給量の増大，流動性選好の削減といった金融政策はLM曲線の右方へのシフトに反映される。したがって，IS曲線，LM曲線のシフトは，財政政策，金融政策の効果をみるとき重要となる。

またさらに，その政策効果は，IS曲線，LM曲線の傾き，つまり弾力性によって違ってくる。そのとき重要となるのが，IS曲線については**投資の利子弾力性**であり，LM曲線については**貨幣需要の利子率弾力性**の概念である。図的にいえば，投資の利子弾力性が小さいほどIS曲線の傾きは急となり，投資が利子率以外の要因によって決まるときには，それは垂直線となる。また，貨幣需要の利子率弾力性が大きいほどLM曲線の傾きは緩やかとなり，それが完全に弾力的な場合（経済がケインズのいう**流動性トラップ**に陥っている場合）には，LM曲線は水平となる。第12章で詳しく説明するが，同じ財政政策であっても，貨幣需要の利子率弾力性が完全に弾力的（水平）か，完全に非弾力的か（垂直線）かによって，政策効果は異なってくるのである。

4　景気循環とその種類

最後に，景気循環と種類について少し説明しておこう。市場機構を基礎とする資本主義経済においては，たとえ経済政策技術が進歩し，経済組織が高度に発達したとしても，景気循環は避けられない。よく景気がよくなったとか，悪くなったとかいわれるが，それを捉える指標にはどのようなものがあるだろうか。それには，GDP，鉱工業生産，企業の倒産件数，完全失業者数といった実物的指標と，利子率，株価といった価格的指標がある。

次に，**景気循環**は，その周期の長さの違いによって基本的には長期波動，中

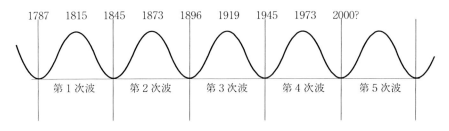

図8-8 長期波動

期波動,短期波動の3つの種類に分けられる。まず,**長期波動**は,50〜60年を周期とする景気循環で,それはその発見者の名をとって「**コンドラチェフの波**」とも呼ばれる。コンドラチェフは,イギリス,アメリカ,ドイツ,イタリアの経済についての諸指標,特に物価水準の動きのなかに,約半世紀を周期とする景気循環があることを発見したのである。彼の描いた波動は,3つの目の波が1919年頂点に達し,それが下向きになった頃までであったが,その波動をさらに延長したのが私の大学院の指導教授・赤松要先生と,先生亡きあと引き継いだ今は亡き2年先輩の毛馬内勇士教授である。5つ目の波の始まりが何年かは明確ではないが,現在5つ目の波の上昇期にあると考えられる。**図8-8**は,それを単純化して図示したものである。1787年以降,これまで4つの波を経験し,現在5つ目の波の途上にあるとされる。では,なぜそのような景気循環が起こるのであろうか。その原因は,**イノベーション**(技術革新)にあるとされる。1787年からの最初の波を引き上げる原動力になったのがイギリスの**産業革命**である。1845年からの2つ目の波の原動力になった技術革新は,重工業を中心とする産業革命であった。つまり,鉄鋼業と鉄道の発展である。1896年からの3つ目の波のそれは,化学工業,自動車工業,電力工業の急速な発展,1945年からの4つ目の波のそれは,合成化学工業,エレクトロニックス,原子力産業の発展であるとされる。現在進んでいる5つ目の波の技術革新は,**情報革命**で,イギリスの産業革命以来の革命ともいわれている。つぎに,**中期波動**は,6〜10年を周期とする景気循環で,発見者の名をとってジュグラーの波とも呼ばれるが,その原因は企業の設備投資とされる。さらに,**短期波動**は,40か月を周期とする景気循環で,発見者の名をとってキチンの波とも呼ばれ,そ

の原因は在庫投資とされる。このほか，17～20年を周期とする建築循環もある。

　なお，景気の調整を図ろうとする総需要管理政策である財政政策と金融政策については，第12章，第14章で詳しく説明する。

第 9 章

経済主体と経済循環

キーワード

- **経済主体**
  経済主体とは経済活動の担い手のことをいう。家計，企業，政府，海外の4つの部門がある。
- **市場**
  市場とはいろいろな財やサービスなどが取引される場所をいう。財・サービス市場，労働市場，金融（債権）市場の3つの市場がある。
- **閉鎖経済**
  閉鎖経済とは外国との貿易を考慮しない自国の国内に限定した経済のことである。
- **開放経済**
  開放経済とは外国との貿易を考慮した海外部門を含めた経済のことである。
- **経済循環**
  経済循環とは経済主体の間を財やサービス，労働や資本などが流れ，それとは反対方向にお金が還流し，各経済主体が密接に関係し合っていることをいう。

経済主体や市場と経済循環図

1 経済主体とは何か

マクロ経済学では**経済活動の担い手**を**経済主体**という。一国の国民経済を考えてみると，多数の経済主体はそれぞれの目的に基づいて意思決定を行い行動している。マクロ経済学で登場する経済主体として基本的には**家計，企業，政府，海外**の**4つの部門**がある。通常，海外部門を捨象した外国との貿易を考えない**閉鎖経済**の場合を考えるのが一般的であり，外国との貿易を考慮した開放経済の中で海外部門については後述する。

2 市場

現実の社会では企業によってたくさんのモノが生産され，さまざまな市場で取引されている。また，われわれ消費者は労働や資本を経済社会に提供している。市場は無数に存在する。マクロ経済学ではたくさんある市場を次の**3つの市場**に単純化して考える。**財・サービス市場**や**労働市場，金融（債権）市場**である。

3 経済循環図

閉鎖経済下において，経済主体と市場がお互いどのように関係し合っているかを示したのが図9-1であり，これを**経済循環図**という。

この経済循環図を使って，**経済主体とその経済活動**や**市場と経済主体の関係**についてみていこう。

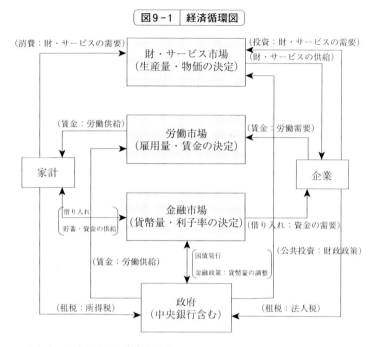

図9-1 経済循環図

＊矢印―お金の流れる方向を示す。

閉鎖経済下における経済主体と経済活動

1　家計

　家計はいろいろな消費者の集合体であり，夫婦や子供などからなる家族がその代表的なものであろう。そのような消費者の集合体であり個人を集計した家計は限られた予算の中で財やサービスを購入することによって**効用（財やサービスを消費することによって得られる幸福感＝消費の喜び）** を最大にするように行動すると考える。

　家計は日常の生活の中で，自分の欲求やニーズを満足させるために財やサー

ビスを購入している。つまり，**財やサービスの需要者**であり**消費者**なのである。

また，たくさんの人が労働者として働いており，その対価として給料やボーナスを受け取っている。昨今のアルバイトをしている学生も一労働者であり，彼らは労働の対価としてバイト代をもらっている。主婦のパートタイムも同じである。家計は**企業や政府に労働を提供する労働供給者**である。

家計は一般的に所得の大半を消費に使い，一部を貯蓄する。貯蓄活動の典型は株式の購入である。企業が発行した株式を購入しその見返りに配当金をもらう。銀行への預金も貯蓄活動の1つである。銀行に預けられた預金は銀行の金庫の中に眠っているわけではない。資金を必要としている企業などに新たに貸し付けられる。家計の貯蓄活動は資金を提供していることになり，**資金の供給者**であると同時に**資本家**なのである。

さらに，租税という形で政府に**税金（所得税）**を納入している。

税金は**直接税**と**間接税**の2つがある。**間接税**の代表的なものが**消費税**である。2014年の4月1日から消費税の税率が5％から8％になり，2015年の10月から10％になる予定であったが，景気の回復が思わしくないため，実施の時期が延期されている。

2　企業

企業は数多くの生産者を集計したものであり，財やサービスを生産することによってかかる費用を最小限に抑え，常に利潤が最大になるように活動している。また，企業は**労働**や**資本**，**土地**の**生産要素**を使って生産活動を行っている。主に，消費や貯蓄の主体である家計に対して，企業は**生産活動の主体**であり，今日の経済社会において家計とともに重要な役割を果たしている。

企業はさまざまな財やサービスを生産し，それらを**家計や政府に供給する主体**である。ときには自ら生産した財やサービスの一部を需要することもある。つまり，企業同士は生産した財やサービスをお互いが購入し合い，企業が**財やサービスの需要者**になるのである。

企業は設備拡張などのために，投資し，財やサービスを購入する。企業はどのようにして財やサービスの購入資金を調達しているのだろうか。まず考えら

れるのは，財やサービスを家計や政府などに供給して販売することによって得られる代金である。**内部留保**という形で蓄えられた**利潤の一部**もあるだろう。また，多額の資金が必要な場合，銀行から借りることもある。さらに，社債や株式を家計に購入してもらうことによって資金を賄っている。このような購入の対価として家計に社債の利子や株式の配当がなされる。以上のことからわかるように，企業は**資金の需要者**なのである。

企業は財やサービスを生産するために，生産要素として家計が供給する労働を用いる。その対価として家計は賃金を得る。企業は**労働力の需要主体**となっている。

また，企業は租税という形で**法人税**を政府に納入する。

今日，生産活動の主体として利潤を追求する企業は，永続的な経済活動をする中で，わが国などの先進国において，依然として**公害対策を考慮した生産活動**や**環境保全の維持**などを社会から強く求められており，企業はそのような要求に対する**社会的責任**を果たさなくてはならない。

3　政府

現在のマクロ経済活動において家計や企業だけでなく，政府の役割も無視できない。わが国や西欧諸国などの自由主義経済諸国では**家計や企業などの民間の市場での自由な経済活動**を原則としているが，**政府の経済的役割**は**経済政策**を実施する上で**重要**である。

マクロ経済学の枠組みの中では，**政府部門**として**財政当局**と**金融当局**の2つを考える。

最近の日本の経済状況からもわかるように，**政府が実施する財政政策や金融政策などの経済政策や政府の経済活動**によってマクロ経済活動は**大きな影響**を受ける。市場に任せていただけでは**望ましい経済成長**と**景気変動の平準化**や**物価安定**は達成できない。そこで，政府はできるだけタイムリーに経済政策を実施する。

まず，**財政当局**からみてみよう。政府は家計や企業から徴収した税金を使って港湾や道路などを造ったり整備するために財やサービスを購入したり，教育

や消防などの公共サービスを供給したりしている。つまり，家計や企業などの民間部門の経済活動に任せていては達成し充足できない**公共的な需要**を補っているのである。また，経済活動を円滑に推し進めるために国会での審議を経て法律を整備したり，秩序を維持したりするなど**行政府としての役割**を果たしている。さらに，家計や企業から徴収した税金で公的なサービスの提供や財やサービスなどを購入できない場合，国債や地方債を発行して家計に購入してもらうことによって資金を調達する。政府は**資金の需要者**となる。そしてまた，低所得者などの社会的弱者や生活困窮者に対して，**生活保護費**や**失業保険**を給付したりするなどの**経済的支援**も行っている。

次に，**金融当局**をみてみると，金融当局は中央銀行を中心とした政府部門であり，その経済活動の中心は**日本銀行が実施する金融政策**である。**貨幣供給量の管理**などを通じて国民経済の金融活動に大きな影響を与え，景気の変動を調節している。たとえば，景気が過熱してインフレーション傾向にある場合，公定歩合などの市中銀行に貸し出す利子率を上げたりして貨幣供給量を調整する。景気が低迷して失業者が増えたりすると逆のことを行う。また，中央銀行は自らの信用で資金を市中に供給している。中央銀行を中心とする政府部門は**資金の供給者**でもある。

3 閉鎖経済下における市場と経済主体

マクロ経済学ではさまざまな**財やサービスなどが取引される場所**を**市場**と呼んでいる。市場では需要と供給が出会い，価格調整されながら需要と供給が一致し経済は均衡する。**市場の例**として挙げると，中世の西ヨーロッパにおいて定期的に開かれていた**週・年市**や現代でいえば身近な都市で開かれている**青果市場**などがある。ここでは，あるモノを売りたい人と買いたい人が市が開かれる場所に集まって直接，モノの値段を交渉しながら取引をしている。流通機構が発達した現代においては，市場は至る所に存在する。最近，郊外に展開されている**複合型ショッピングセンター**（たとえば，全国的に展開しているイオンモールなど）や**コンビニエンスストア**も市場であり，そこでは毎日の取引が行われている。また，パソコンやスマートフォンなどの電子媒体や通信手段が発

達した今日において，以前は現地に行って直接取引をしていたが，今ではパソコンやスマートフォンを通じて取引をすることができる。つまり，**パソコンやスマートフォンの画面**が市場である。それらの画面の中で需要と供給が出会い，取引が成立している。そのことによって，**諸経費の削減**にもなっている。

このような市場には，**財・サービス市場**（モノ），**労働市場**（ヒト），**金融市場**（カネ）の3つがある。

1 財・サービス市場

財・サービス市場（生産物市場と呼ばれることもある）は**最終生産物を売買する市場**である。マクロ経済学では便宜上，1種類か2種類の財やサービスを扱う。この市場において企業が財やサービスを供給し，家計や政府が購入する。また，企業自ら財やサービスを購入することもある。家計部門と企業部門や政府部門が参加して財やサービスの価格が決まり，取引が行われる。財やサービスの需要が供給を上回れば価格が上昇し，逆の場合は下落する。

2 労働市場

労働市場は生産活動に利用される生産要素としての労働に対する需要と供給が出会う市場である。

家計が労働を提供し，企業や政府が需要する。つまり，家計部門と政府部門や企業部門が関係している。企業は家計から提供された労働を使用することによって生産活動を行い，労働雇用の対価として家計に賃金を払う。そして，報酬を払った後に残る利潤を最大化しようとする。そうすることによって，**労働の限界生産力**（労働を1単位変化させたときの算出量の変化）が**実質賃金率**（**名目賃金率を物価水準で割った値**）に等しい水準で企業の労働需要量は決まる。

労働供給量については，古典派経済学とケインズ経済学では考え方が異なる。労働供給量の決定を家計部門の合理的な選択の結果とみるかどうかで考え方が違う。古典派経済学においては，**家計部門の合理的な選択の結果**とみており，

労働供給量は実質賃金率が上昇すれば増加すると考える。逆に，実質賃金率が下がれば労働供給量は減少する。一方，ケインズ経済学では，労働供給量の決定は**企業部門がどれだけ労働を必要としているか**にかかっており，家計部門の供給要因は何ら影響を与えないとし，名目賃金で決まるとする。

3 金融（債権）市場

金融市場は**資金の需要と供給の調整が行われる市場**である。金融市場では資金の貸し借りを行う。資金の供給主体である家計は，政府が発行する国債や企業が発行する社債を購入することによって市場に資金を供給し，政府や企業が需要する。また，家計は現金を銀行に預金し，銀行がそれらを新たに企業に貸し出すことによって資金が需要される。つまり，家計が**資金の供給者**であり，企業や政府が**資金の需要者**なのである。金融市場では，株式や国債，社債や銀行預金，現金などのさまざまな種類の金融資産の需要と供給が調整される。**それぞれの金融資産に対する収益率が金融資産の需要と供給を調整する役目**を果たす。

金融資産は，貨幣などの**利子が付かない資産**と，国債や社債などの**利子が付く資産（＝債権）**の2つに分けることができる。

経済循環

今まで，閉鎖経済下における経済主体と市場との関係をみてきたことからわかるように，経済主体の間を生産要素としての労働や資本が家計から企業に流れ，それとは反対方向に賃金や配当，利息などが貨幣の形態で家計に流れる。企業は生産要素としての労働や資本を使用して生産を行い，財やサービスを供給する。生産された財やサービスを家計や企業，政府が購入する。それとは逆方向に企業に貨幣が流れる。このような関係を**経済循環**といい，図9-1の経済循環図に**その関係**が示されているので確認してみよう。以上のような経済循環の中で，**新たな生産活動で生み出された付加価値の総和である国民所得（GDP）**が生産面や分配面，支出面で計上されることになる。

5 開放経済下における海外部門と経済活動

現実の世界において，一国は他のさまざまな国々と関係し活動している。このようなことから，**外国との貿易を考慮した開放経済**をみてみる必要がある。

海外部門は外国の経済主体を総称したものである。図9-2は**開放経済下における海外との取引も含めた海外部門と家計や企業，政府部門の関係を示した**ものである。国境を越えての労働力の移動がないと考えると，海外部門と取引が行われるのは財・サービスの取引と資金の取引が考えられる。財やサービスの取引についてみてみると，海外部門は自国で生産される財やサービスを需要したり，海外部門が生産した財やサービスを国内の家計や企業に供給したりするなど，財やサービスの輸出や輸入の相手となる。**国内で生産されたものが海外部門に需要されることを輸出**といい，また，**海外で生産されたものが国内の家計や企業によって購入されることを輸入**という。財・サービス収支や経常収支はそのような海外部門と国内の家計や企業などの経済主体の財やサービスの取引で決まる。

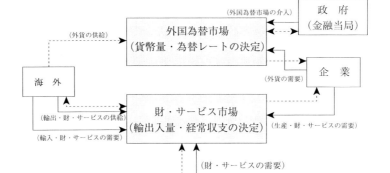

図9-2 経済主体（海外部門も含む）と市場の関係

＊破線の矢印はお金の流れる方向を示す。

以上のような財・サービスの海外部門との取引では，どのような通貨が使われるであろうか。必ずしも自国の通貨が使われるとは限らない。一般的には世界の**基軸通貨であるドル**が使われる。海外部門と取引する場合，自国の通貨では取引できないので，まえもって，自国の通貨をドルに交換しておく必要がある。このような自国の通貨（たとえば円）と海外の通貨（ドルなど）を交換する取引が自国内の経済主体と海外部門との貨幣の取引であり，**海外部門と貨幣の取引をする市場**が**外国為替市場**である。この市場で**為替レート**などが決まる。外国為替市場において，海外部門が外貨（ドルなど）を供給し，自国内の家計や企業部門などの経済主体が外貨（ドルなど）を需要するのである。

6　GDP（国内総生産）

　基本的な経済指標として**GDP（国内総生産）**がある。GDP（国内総生産）は**新たに生産によって生み出された付加価値の総額**で**属地主義的フローの概念**である。

1　フローとストック

　さまざまな経済指標を大別すると**フロー**と**ストック**に分けることができる。**図9-3**を使ってフローとストックの関係についてみてみよう。

(1)　フロー（flow）
　まず，フローについてみてみる。**フローとは一定期間に生じる量のこと**である。
　浴槽に水を溜める場合を考えてみる。1秒間に水道の蛇口から1ℓの水が出て，3分後に浴槽に180ℓ水が溜まるものとする。1秒間に水道の蛇口から出る1ℓがフローである。また，毎月，所得が10万円ずつ入ってきてこの10万円を銀行に預ける場合の10万円がフローである。さらに，GDP（国内総生産）や消費支出，投資金額や政府支出もフローの概念である。

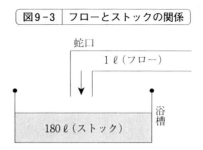

図9-3　フローとストックの関係

(2) ストック（stock）

次に，ストックについてみてみよう。**ストックとはある時点において存在する量**である。

浴槽に水を溜める場合，3分後に180ℓの水が浴槽に溜まるわけだから，この180ℓがストックである。また，毎月10万円ずつ銀行に預金し，その結果としての，たとえば，12月末現在の預金残高がストックである。さらに，貨幣量や資本総量，政府債務額や対外資産残高もストックの概念である。

2　付加価値

GDP（国内総生産）が付加価値の概念であることから，付加価値とは何かについてみていくことは重要である。

(1) 付加価値

付加価値とは生産の過程で新たに加えられた価値のことであり，生産額から生産のためにかかった費用を控除して求められる。

(2) リンゴジュース産業の付加価値

リンゴを生産する農家とこの農家からリンゴを直接購入してジュースにしてスーパーにケース単位で販売するメーカーと，メーカーからケース単位でリンゴジュースを購入して店頭に並べて販売するスーパーの3部門の付加価値についてみてみよう。

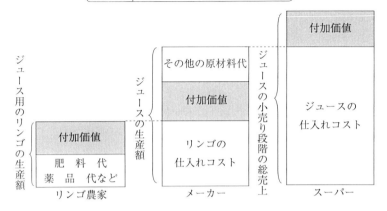

図9-4 リンゴジュース産業の付加価値

図9-4から，それぞれの部門の付加価値についてみてみる。

a．リンゴ農家の場合

　　付加価値＝リンゴの生産額－肥料・薬品代やその他の費用　　　　　　　　(1)

b．メーカーの場合

　　付加価値＝ジュースの生産額
　　　　　　　－（リンゴの仕入れコスト＋その他の原材料代）　　　　　　　(2)

c．スーパーの場合

　　付加価値＝ジュースの小売段階の総売上 － ジュースの仕入れコスト　　(3)

の式で各部門の付加価値は求められる。

　よって，リンゴジュース産業の付加価値は(1)，(2)，(3)より，

　　付加価値＝リンゴ農家の付加価値＋メーカーの付加価値
　　　　　　　＋スーパーの付加価値　　　　　　　　　　　　　　　　　　(4)

で求めることができる。

　以上のことから，日本にはさまざまな産業が存在しており，**日本全体の付加**

価値は**各産業の付加価値を合計**して求められる。これが**生産面からみた国民所得**であり，GDP（国内総生産）である。

3 GDP（国内総生産）

(1) GDP（国内総生産）

GDP（Gross Domestic Product：国内総生産）とは**1年間にある国内で新たに生産によって生み出された付加価値の総額**で，**ある国内で生産されたものという考え方に基づいた属地主義的概念**である。

GDP は原則として市場で取引されたものを計算して計上されており，機械などの固定資本は生産に用いることですり減り，その価値が下がっていくことを**固定資本減耗**というが，その分は考慮されていない。国内とは「その国の領土からその国にある外国大使館，領事館および軍事基地を除き，さらに海外にあるその国の外国大使館，領事館および軍事基地を加えたもの」である。

GDP はどこで生産されたかが需要であり，誰がどこの国の企業が生産によって生み出したかは問題にしていない。このような GDP により，**その国の経済の規模を正確に把握する**ことができる。

それではどのようなものが GDP に含まれるであろうか。その例をみてみよう。外国人が日本でスマートフォンを販売して稼いだお金や外国人や外国企業が日本で得た所得は GDP に含まれる。また，例外的に市場で取引されていないが，持ち家に住んでいる人が自分に自分で家賃を払っていると考える**帰属家賃**は GDP として計上される。さらに，農家が自分の田畑で生産した作物を消費することを**自家消費**というが，農家が自分で作ったものを自分に売ったと考えて GDP の計算に加える。次に，公共サービスは市場で取引されていないのがほとんどであるが，確かに，価値を生産しており，国民生活に与える影響が大きいことから公共サービスの提供にかかった費用をもとに計算して GDP として計上している。

(2) 名目 GDP と実質 GDP

名目 GDP とはそれぞれの財の生産量にその年の価格をかけて，それらを足

図9-5　名目 GDP と実質 GDP の関係

（1993年度）
オレンジの生産量：　10 個
オレンジの価格：100 円

名目 GDP：10 個 × 100 円 = 1000 円

（2015年度）
オレンジの生産量：　8 個
オレンジの価格：150 円

名目 GDP：8 個 × 150 円 = 1200 円
実質 GDP：8 個 × 100 円 = 800 円

名目 GDP は物価上昇により増加

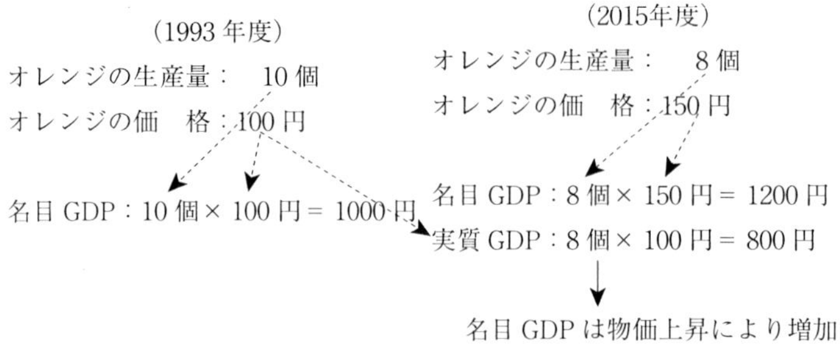

したものをいう。**実質 GDP はそれぞれの財の生産量にある基準年度の価格をかけて，それらを足して求められる。**実質 GDP においてはその年とある基準年度を比較しており，このことにより，**その年の実質の経済の規模**を知ることができ，**物価上昇や下落がどの程度あったかも把握することができる。**

　名目 GDP と実質 GDP の関係をオレンジだけしか生産しない極端なモデルを例にして考えれば図9-5のとおりである。

4　その他の国民所得の諸概念

(1)　GNI（国民総所得）

　GNI（Gross National Income：国民総所得）とはある国の国民が生産によって生み出した付加価値を集計したものである。ここでいう国民とは国籍に関係なく，「その国に 1 年以上居住する経済主体」である。GDP と GNI の関係は「国内」と「国民」の違いだけである。

　たとえば，日本人の歌手がブラジル公演で得た報酬は日本の GNI に計上され，ブラジルの歌手の日本公演で得た報酬はブラジルの GNI として計上される。また，最近，多国籍企業が現地（外国）に工場を建設し，そこで現地の人々を採用して生産を行ったり，従業員を派遣して現地の人々を指導したりしている場合を考えると，**GDP と GNI の含まれる範囲**は表9-1のとおりになる。

　次に，**GNI は GDP から海外の純所得を控除して求められる。**

表9-1　GDPとGNIの含まれる範囲

対象 ＼ 国, GDP, GNI	ブラジルのGDP	日本のGDP	ブラジルのGNI	日本のGNI
日本企業がブラジルの工場で採用したブラジル人の所得	○	×	○	×
日本企業がブラジルの工場へ日本人を派遣した場合，派遣された日本人の所得	○	×	×	○

$$\text{GNI} = \text{GDP} - \text{海外からの純要素所得} \tag{5}$$

(2) GNP（国民総生産）

GDPと同じ概念にGNP（国民総生産）がある。**GNP（Gross National Product：国民総生産）とは1年間にある国の国民やその国の企業によって新たに生産によって生み出された付加価値の総額**で，ある国の国民やその国の企業によって生産されたものという考え方に基づいた**属人主義的概念**である。

たとえば，日本人と日本企業がEU諸国で稼いだ所得や日本人がドイツの企業株を購入したことによる配当はGNPに含まれる。

かつては，GNPという指標がさかんに使用されていたが，国際連合のSNA体系の更新に伴って廃止され，使われなくなった。確かに，多国籍企業の活動が目まぐるしい昨今，GNPではその国の経済の規模を正確に把握することは難しい。

次に，GNPとGDPの関係を示せば，日本の場合，次のとおりである。

$$\text{GNP} = \text{GDP} + \text{海外からの純要素所得（海外への利払いや配当の支払い} \\ - \text{日本への利払いや配当の支払い）} \tag{6}$$

(3) NDP（国内純生産）

NDP（Net Domestic Product：国内純生産）とはGDPから固定資本減耗

分を控除したものである。固定資本減耗は機械や設備などの資本の損耗や摩滅による物質的減耗だけに限定し，技術革新により性能が古くなった場合の機能的減耗は考えない。

NDP は GDP から固定資本減耗を差し引いて求めることができる。

$$\text{NDP} = \text{GDP} - 固定資本減耗 \qquad (7)$$

理論的には GDP より NDP が優れているがそれが実際に使用されることはほとんどない。それは資本減耗の推計が難しく，統計として計上される資本減耗が会計上の減価償却分を足したものになっているため，多くの誤差が NDP に含まれるからである。

(4) NNI（国民純所得）

NNI（Net National Income：国民純所得）とは GNI から固定資本減耗分を控除したものである。

NNI は GNI から固定資本減耗を差し引いて求めることができる。

$$\text{NNI} = \text{GNI} - 固定資本減耗 \qquad (8)$$

(5) NNP（国民純生産）

NNP（Net National Product：国民純生産）は GNP から固定資本減耗を差し引いたものである。

$$\text{NNP} = \text{GNP} - 固定資本減耗 \qquad (9)$$

(6) NI（国民所得）

NI（National Income：国民所得）とは NNI から間接税を差し引いて補助金を加えたものである。

NI は GNI から固定資本減耗を引いて NNI を算出し，（間接税－補助金）を控除して求めることができる。

$$NI = GNI - 固定資本減耗 - (間接税 - 補助金)$$
$$= NNI - (間接税 - 補助金) \qquad (10)$$

NNI は市場価格表示の国民所得であるが,この NNI から(間接税 − 補助金)を控除した NI は要素価格表示の国民所得であることに注意する必要がある。

第10章

国民所得

キーワード

- 国内総生産(GDP)
  ある地域や国の経済活動を考察する上での基本的な経済指標であり，産出額から中間財を差し引いたものであり，その国や地域の経済規模を示す指標である。
- 1人当たりGDP
  GDPを人口で割った値。その国や地域の平均的な豊かさを表す指標である。
- 実質GDPと名目GDP
  名目GDPをGDPデフレーターで除したものが実質GDPとなる。
- 三面等価の原則
  生産面・支出面・分配面，3つの側面からみたGDPが必ず等しくなるという原則のことである。
- 国内総支出
  消費Cと投資Iと政府支出Gと輸出EXの合計値から輸入IMを差し引いたもの。

 SNA (国民経済計算) とは

1 GDPの直感的なイメージと再確認

第9章では，家計・企業・政府という経済主体について確認し，財・サービ

| 図10-1 | マクロ経済指標の諸概念 |

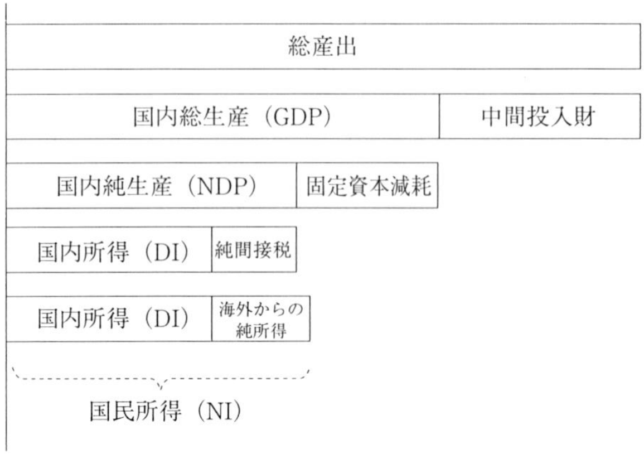

```
┌─────────────────────────────────────────────┐
│                   総産出                      │
├──────────────────────────────┬──────────────┤
│       国内総生産（GDP）        │   中間投入財   │
├──────────────────────┬───────┴──────────────┤
│   国内純生産（NDP）    │    固定資本減耗        │
├──────────────┬───────┴──────────────────────┤
│ 国内所得（DI） │  純間接税                      │
├──────────────┼────────┬─────────────────────┤
│ 国内所得（DI） │海外からの│
│              │ 純所得  │
└──────────────┴────────┘
         国民所得（NI）
```

ス市場と金融市場と労働市場の相互依存関係を開放経済下も含めて学び，GDP を始めとした国民所得の概念について理解した。本章では，国民所得の概念についてもう一度再確認し，次に GDP 等の国民所得という概念を，景気の善し悪しを判断したり，国際比較する場合にどのように用いたら良いかを経済成長率の観点から解説する。

　ここで，**GDP** について復習すると，GDP は，Gross Domestic Product の略であり，国内総生産と呼ばれ，「一国あるいは一地域における一定期間の生産によって生み出された付加価値の総額」と定義される。**図10-1** は国民所得の諸概念を示している。

　図10-1 の総産出とは，1 国で生産されたすべての生産物の合計価格のことであり，1 企業のレベルでいえば，いわば売上高に相当する。つまり，国内の売上高の合計ともいえる。

　総産出が売上高に相当するものであったように，1 企業レベルでいう仕入高は，マクロ経済では中間投入財に相当する。総産出には仕入れや原材料が含まれている。仕入れや原材料は他の企業によって生産されたものであり，**図9-4** が示しているように，それらを使用した企業が新たに生み出した付加価値ではない。よってそれらを売上高から差し引いた部分こそが，それらを使用した企業が新たに生み出した**付加価値**となる。よって，総産出から**中間投入財**

を引くと GDP となるのである。

この GDP から**固定資本減耗**を引くと**国内純生産（NDP）**になるが，固定資本減耗とは機械設備等の減価分である。この NDP から純間接税を引くと国内所得（DI）となる。さらに，DI に海外からの純所得受取を足すと，**国民所得（NI）**となる。国民所得は雇用者所得と営業余剰の合計となる。雇用者所得とは企業に雇われている人の所得であり賃金として支払われる。営業余剰とは経営者や株主に対する報酬である。

そして，**図 9-5** にて示されているように，これらの概念にはすべて実質値と名目値が存在する。物価水準を考慮した所得を実質所得と呼び，GDP の場合においても，**実質 GDP** と**名目 GDP** が存在する。実質 GDP とは物価水準を考慮した GDP のことである。この名目 GDP を実質 GDP に変換する際に，用いられる物価水準を **GDP デフレーター**と呼ぶ。名目 GDP を GDP デフレーターで割ったものが実質 GDP となる。実質 GDP なのか名目 GDP なのかで，状況によっては大きな違いが生じることがある。物価水準を考慮する理由として，仮に GDP が名目で 2 倍になっても，物価も 2 倍になれば，購入することのできる財の量は変わらない。実質とは購買力という視点で経済指標をみる際に極めて重要である。

2　三面等価の原則

GDP は，一定期間内に新たに生産された付加価値であった。この定義は生産面からみたものということができる。これに対して，同じ国民総生産を支出面・分配面からもみることができる。生産された付加価値は，誰かに分配され，分配された付加価値は支出されるからである。このように**生産面・支出面・分配面**，3 つの側面からみた GDP が必ず等しくなるという原則は，**三面等価の原則**と呼ばれる。この関係を示したのが**図 10-2** である。

供給サイドの国民所得が生産面であり，需要サイドのそれが支出面ともいえる。この 3 つの中で，統計的に最も把握しやすいのは支出面である。新聞やニュースで GDP 速報等として発表されているものは多くの場合，需要サイドからこの支出 GDP である。支出 GDP は国内総支出とも呼ばれる。ある国で

| | 図10-2 | 三面等価の原則 |

生産GDP	国内総生産（GDP）			
分配GDP	固定資本減耗	間接税－補助金	企業・財産・雇用者所得	
支出GDP	消費C	投資I	政府支出G	輸出X－輸入M

　生産した付加価値を購入する支出額をみると，家計が消費する民間最終消費支出，企業・政府などが機械や建物などの固定資本を購入する国内総固定資本形成，政府が固定資本以外に消費する政府最終消費支出，海外の人々がその国の製品を購入する輸出等から構成される。ただし輸入品を買う場合，輸入は差し引く。国内総生産は国内総支出に等しく，国内総支出は以下のようになる。

　　国内総支出＝消費C＋投資I＋政府支出G＋（輸出EX－輸入IM）　　　（1）

　新聞やネットでの景気予測や景気診断についての記事を読む際には，この（10-1）式が不可欠となる。この式を覚えていると非常にわかりやすく記事を読めるようになる。GDPの速報等のニュース記事では，GDPの成長率だけでなく，GDPの構成要素である消費・投資・政府支出・輸出・輸入の順に構成要素の変化についても記載がなされている。この国内総支出は景気動向を把握する際に必須であるため，社会常識として必ず覚えておきたい。

　また，（10-1）式のうち「消費C＋投資I＋政府支出G」を**内需**，「輸出EX－輸入IM」を**外需**と呼ぶ。経済記事等で「内需主導」という用語が出てくるが，これは国内の需要である「消費C＋投資I＋政府支出G」によって景気を刺激するという意味となる。逆に外需主導ということであれば，これは輸出促進によってそれを実現していく等ということになる。また，内需のうち，「消費C＋投資I」を民間の需要という意味で**民需**，政府支出Gを**公需**と呼ぶこともある。「内需と外需」，「民需と公需」という使い分けにも注意である。

2 経済成長

1 経済成長率とは

　GDP は一国の経済規模を示す指標であるが，その国の国民の平均的な豊かさを必ずしも示すわけではない。たとえば，GDP が同程度の 2 つ国があり，一方は人口大国で，他方は小国であれば，前者よりも後者の方が豊かな生活をしていることが類推される。よって，GDP は一国全体の経済規模を示し，1 人当たり GDP はその国の国民の平均的な豊かさを示す指標として使い分ける必要がある。

　さらに，GDP も 1 人当たり GDP も，毎年増減し，中長期的に高い増加傾向を続けた国もあれば，失われた20年と言われるように長期停滞が続くわが国のようなケースもある。よって，GDP の変化率である経済成長率が重要である。

　ある t 年の GDP である Y_t から翌年の t + 1 年の GDP である Y_{t+1} にかけての経済成長率 g は，

$$g = \frac{Y_{t+1} - Y_t}{Y_t} \tag{2}$$

となる。たとえば，t 年に100兆円であった GDP が翌年の t + 1 年に120兆円となったとすれば，

$$\frac{120 - 100}{100} = 0.2 \times 100 = 20\% \tag{3}$$

であり，20%となる。これを対前年度比成長率という。

2 複利成長率の計算方法

　次に，ある t 年の GDP である Y_t から n 年後である t+n 年の GDP である Y_{t+n} にかけての平均的な経済成長率をみていく。これは，年平均成長率もしくは複利成長率と呼ばれる。この複利成長率を g で表すと，

$$g=\left(\frac{Y_{t+n}}{Y_t}\right)^{\frac{1}{n}} - 1 \tag{4}$$

となる。この（10-4）式はEXCEL等の表計算ソフトで計算できる。この計算式は，

$$= (Y_{t+n}/Y_t)\wedge(1/n) - 1 \tag{5}$$

となる。EXCELで「^」は累乗を示す記号である。たとえば，2^2は「＝2＾2」である。具体的数値例で考えると，あるt年度のY_tが100兆円で，10年後のY_{t+n}が200兆円だとすれば，マイクロソフトEXCELの計算式は(6)式のようになる。

$$= (200/100)\wedge(1/10) - 1 = 0.0718 \times 100 = 7.18\% \tag{6}$$

よって，この（10-6）式の答えは7.18％となる。

3　日本のGDPの推移

図10-3は1994年から2014年における日本のGDPの推移を示している。日

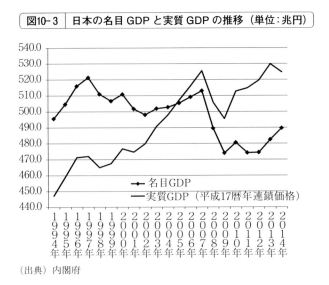

図10-3　日本の名目GDPと実質GDPの推移（単位：兆円）

（出典）内閣府

本の名目GDPはここ20年程において約500兆円程となっている。2014年では約489兆円である。また，**図10-3**のとおり，名目GDPは上昇傾向にはなく停滞していることがわかる。実質GDPは緩やかに上昇傾向にも見えるが，1994年から2014年にかけての実質GDPの年平均成長率は（10-5）式を使って計算すると約0.8％と極めて低かった。20年間の平均成長率が0.8％というのは極めて低い水準である。日本経済は失われた20年と呼ばれる長期不況の最中にあるが，成長率を確認すると明白である。この間，欧米の主要先進諸国は2～3％で成長していた。

3　1人当たりGDPの国際比較と日本経済

前述の通り，1991年のバブル崩壊以降，日本経済は失われた20年と呼ばれる長期不況が続いている。その間，経済成長率は年平均複利で1％を下回っている。このため，**図10-3**に示すとおり，1991年と2015年で日本人の平均的な所得はほとんど成長していないことがわかる。

さらに，1991年当時では日本の1人当たりGDPは世界でもトップクラスで

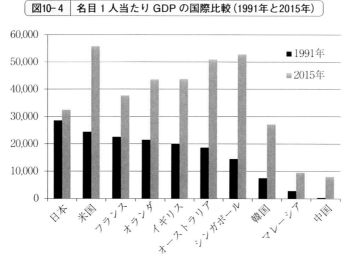

図10-4　名目1人当たりGDPの国際比較（1991年と2015年）

（出典）IMF

あり，米国を始めとして多くの欧米先進諸国よりも高かったのである。しかし，日本の経済成長率が低迷してきたこの20数年の間に，日本以外の多くの国では，先進諸国では2～3％程，途上国では約5～10％に近い成長を持続してきた。このため，2015年では欧米諸国に比して，日本の1人当たりGDPは，他の先進職と比べて決して高い水準とはいえず。最早，アジアでも一位ではなくなっている。その国の経済的な豊かさは，長期的な経済成長率に強く影響される。失われた20年での成長率の停滞は，日本経済の国際的地位を大きく引き落とす結果となった。

第11章

有効需要

キーワード

- **有効需要**

  有効需要（Effective Demand）とは，財市場（生産物市場）における GDP ないしは国民所得の決定において，各経済主体が財・サービスを実際に購入することのできる能力のことをいう。総供給は，この有効需要の大きさに等しくなり，この水準で均衡 GDP（均衡国民所得）が決定される。

- **ケインズ型消費関数**

  ケインズ型消費関数とは，一国全体の消費が現在の国民所得の大きさによって決まるというケインズの考えに基づいた消費関数であり，消費を C，国民所得を Y，基礎消費（国民所得がゼロであったとしても発生する人々の消費額）を c_0，限界消費性向（国民所得が1単位変化したときの消費の変化分）を c とすると，$C = c_0 + cY$ と表される。

- **ケインズ型貯蓄関数**

  ケインズ型貯蓄関数とは，貯蓄の大きさが所得の大きさに依存するという考えに基づいた貯蓄関数である。ケインズは，家計がその所得を消費と貯蓄に振り分けると考えたため，貯蓄 S は国民所得 Y のうち家計が消費をした残りの部分であり，貯蓄 S も消費 C と同様に国民所得 Y の大きさによって決まると考えた。したがって，ケインズ型貯蓄関数は，

  $S = -c_0 + (1-c)Y$ と表される。

有効需要の概念

　一国内の財・サービス市場（生産物市場）における生産活動は，当該国内に存在する生産要素を利用して行われるが，それらの**生産要素が完全に利用された状態を完全雇用**と呼ぶ。そして，完全雇用における総供給量が当該国の生産能力の上限であるといえる。しかしながら，現実社会では，完全雇用の状態で生産活動が行われているわけではなく，失業者が存在したり，遊休施設が発生するなどしている。こうした現実社会の不完全雇用の状態は，完全雇用状態で生産される量の各財・サービスを需要するだけの購買力が各経済主体に不足しているから生じるのである。この**各財・サービスを実際に購入することのできる能力を有効需要**と呼ぶ。ここで，左辺に一国の総供給項目（生産），右辺に総需要項目（支出）をとると，

　　GDP＝消費支出＋投資支出＋政府支出＋純輸出

となる。すなわち，**一国の経済規模は，この右辺の有効需要の大きさによって決定されるのである**（有効需要の原理）。こうした「供給が需要によって決定される」という考えはケインズ（J.M.Keynes）のマクロ経済学の基本となっており，古典派経済学における**セイの法則**「供給は自らの需要を生み出す」とは逆の考えである。

 ## GDP（国民所得）の決定モデル

　上述した有効需要の原理に従うと，一国の経済規模すなわち GDP あるいは国民所得は，総供給と総需要が等しいところで決まることになる。

　　総供給＝総需要

　以下では，財・サービス市場における総供給と総需要について，それぞれの決まり方を見ていくことにする。

1　総供給

　財・サービス市場における**総供給**とは，一定期間に国内で生産された財・サービスの付加価値の合計であり，したがって GDP に相当する。またこれは，三面等価の原則より，国民所得に等しくなる。総供給を Y^S，GDP または国民所得を Y とすると，

$$Y^S = Y$$

と表される。

2　総需要

　有効需要の原理では，財・サービスの需要がどのように決まるかがとても重要な論点となる。

　財・サービス市場における**総需要**とは，一定期間に国内で生産された財・サービスに対する支出であり，それは民間（家計）の消費 C，民間（企業）の投資 I，政府の支出 G からなる。また，国内で生産された財に対して海外が購入する輸出（E_x）や，日本が海外の財を購入する輸入 I_m も考慮する必要がある。したがって総需要を Y^D とすると，

$$Y^D = C + I + G + E_x - I_m$$

と表される。ここで，国内の状況のみを議論する際は右辺の C + I + G で表される内需のみを考慮することになり，また右辺の $E_x - I_m$ を考慮することで一国経済への貿易の影響を議論することもできる。

3　消費の決まり方

　マクロ経済理論を構築したケインズは，一国全体の消費が国民所得の大きさによって決まると考えた。消費を C，国民所得を Y とすると，

$$C = c_0 + cY$$

と表され，これを**ケインズ型消費関数**と呼ぶ。ここで c_0 は**基礎消費（または独立消費）と呼ばれ，国民所得がたとえゼロであったとしても消費せざるを得ない部分**を意味し，正の定数となる。また c は限界消費性向と呼ばれ，**国民所得 Y が 1 単位変化したときの消費 C の変化分**を示し，ゼロから 1 までの定数となる。

　このケインズ型消費関数は，一次方程式の形をとっているため，グラフ化することが容易である。すなわち，左辺の変数 C（消費）を縦軸，右辺の変数 Y（国民所得）を横軸にとると，ケインズ型消費関数 $C = c_0 + cY$ は，基礎消費 c_0 を切片とし，限界消費性向 c の傾きを持つ右上がりの直線で表される（図 11-1）。

　図 11-1 より，一国の消費水準 C は，国民所得ないしは GDP が増えると増加し，それが減ると減少することがわかる。このような関係を，消費 C は国民所得 Y の増加関数と呼ぶ。

　なお，以上では単純に所得の全てを自由に消費に回せることを暗黙裡に前提としていたが，より実際には我々は納税の義務があり，所得から税を差し引かれた残りの部分でのみ消費を行っている。このことは，一個人のレベルだけでなく，一国全体の消費についても成立することである。**所得 Y から租税 T を差し引いた部分**を可処分所得と呼び，したがって，租税を考慮するとケインズ

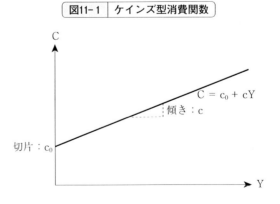

図11-1　ケインズ型消費関数

型消費関数は，

$$C = c_0 + c(Y - T)$$

と表される。ここで，右辺の $Y-T$ が可処分所得である。

4　貯蓄関数

家計はその所得を消費と貯蓄に振り分けると考えられるため，貯蓄 S は国民所得 Y のうち家計が消費 C をした残りの部分として表される。すなわち，

$$Y = C + S$$

であり，貯蓄は，

$$\begin{aligned} S &= Y - C \\ &= Y - (c_0 + cY) \\ &= -c_0 + (1-c)Y \end{aligned}$$

と表され，この式を**ケインズ型貯蓄関数**と呼ぶ。

ここで，1 から限界消費性向 c を引いた部分 $(1-c)$ は限界貯蓄性向 s といい，**国民所得 Y が 1 単位変化したときの貯蓄 S の変化分を示す**。すなわち，限界消費性向 c と限界貯蓄性向 s の関係は，

$$1 = c + s$$

となる。

このケインズ型貯蓄関数も，一次方程式の形をとっているため，グラフ化することが容易である。すなわち，左辺の変数 S（貯蓄）を縦軸，右辺の変数 Y（国民所得）を横軸にとると，ケインズ型貯蓄関数 $S = -c_0 + (1-c)Y$ は，基礎消費 c_0 を切片とし，限界貯蓄性向 $s(=1-c)$ の傾きを持つ右上がりの直線で表される（**図11-2**）。図において，切片が $-c_0$ となっているが，これは国民所得 Y がゼロのときに貯蓄を切り崩して基礎消費 c_0 に回している部分と解釈できる。

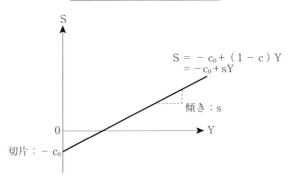

図11-2 ケインズ型貯蓄関数

3 GDP（国民所得）の決定

1 式による解釈

　上述したように，一国の経済規模であるGDP（＝国民所得）は，総供給が総需要に等しくなったところ，

$$Y^S = Y^D$$

で決まる。この式を，均衡条件と呼ぶ。
　ここで，総供給は，

$$Y^S = Y$$

であり，総需要は（国内のみを考慮すると），

$$Y^D = C + I + G$$

である。総需要の中の消費関数について，可処分所得を用いると，

$$Y^D = c_0 + c(Y - T) + I + G$$

$$= c_0 + cY - cT + I + G$$

と表すことができる。したがって，均衡条件に，総供給と総需要の式をそれぞれ代入すると，

$$Y = c_0 + cY - cT + I + G$$

となる。これを整理すると，

$$Y - cY = c_0 - cT + I + G$$
$$(1-c)Y = c_0 - cT + I + G$$
$$Y^E = \frac{1}{1-c}c_0 - \frac{c}{1-c}T + \frac{1}{1-c}I + \frac{1}{1-c}G$$

となり，一国の経済規模である**均衡 GDP**（均衡国民所得）Y^E が得られる。

この式より，右辺に表れる投資 I や政府支出 G といった国内の有効需要が増加すると，それぞれその $\frac{1}{1-c}$ 倍だけ GDP（国民所得）Y^E を増大させることがわかる。この I や G にかかっている $\frac{1}{1-c}$ のことを，それぞれ投資乗数，政府支出乗数と呼ぶ（第12章参照）。また，右辺の租税 T の符号はマイナスであるが，これは増税をすると $\frac{c}{1-c}$ 倍だけ Y^E が減少し，また減税をすると $\frac{c}{1-c}$ 倍だけ Y^E が増加することを示している。この $\frac{c}{1-c}$ は，租税乗数と呼ばれている（第12章参照）。

2　45度線分析

上述した一国内の財・サービス市場における GDP（＝国民所得）の決定は，グラフで見ると理解しやすい。

財・サービス市場における総供給 $Y^S = Y$ は，切片がゼロで傾きが1の一次関数の形になっているため，左辺の変数 Y^S を縦軸に，右辺の変数 Y を横軸にとると，原点を通る45度の直線で表される（**図11-3**）。

次に，財・サービス市場における総需要 $Y^D = c_0 + cY - cT + I + G$ は，左辺の変数 Y^D を縦軸に，右辺の変数 Y を横軸にとると，切片が $c_0 - cT + I + G$，傾きが c のグラフで表される（**図11-4**）。

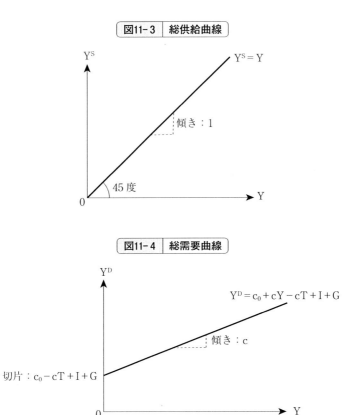

財・サービス市場における均衡条件 $Y^S=Y^D$ を見るため，**図11-3**と**図11-4**を同じ象限に描くと，**図11-5**のようになる。この図において，総供給 Y^S と総需要 Y^D の2本の線が交わる点 E は，縦軸で示される総供給と総需要が等しくなる点であり，この点で決まる国民所得 Y^E が，一国の経済規模を示す均衡国民所得ないしは均衡 GDP である。

いま，**図11-6**において，企業の投資や政府支出といった国内の有効需要が増大した場合，総需要は切片が ΔI または ΔG だけ平行に上昇した $Y^D{}_1$ となり，新たな均衡点 E_1 より，均衡国民所得は Y_1 まで増加することになる。一方，増税が実施された場合，総需要は切片が $c\Delta T$ だけ平行に下落した $Y^D{}_2$ となり，

第 11 章　有効需要　185

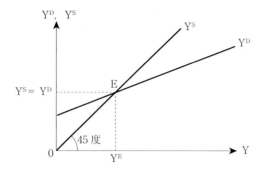

図11-5　45度線分析による国民所得の決定

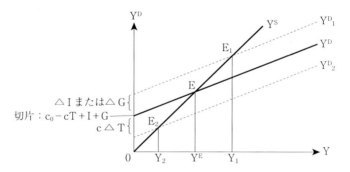

図11-6　有効需要の変化と国民所得

新たな均衡点 E_2 より，均衡国民所得は Y_2 まで減少することになる。

第12章 財政政策

キーワード

- **財政政策**
  財政政策とは，政府が主体となって行う経済政策である。経済における政府の役割は，資源配分の最適化，所得分配の公平を達成するための所得再分配，経済成長と安定という3つの目的を達成するために実施される。

- **総需要管理政策**
  総需要管理政策とは，実際のGDPが，望ましいGDPを下回る（あるいは上回る）場合，総需要をコントロールして，失業の解消などと言った政策目標を達成するために行われる。ケインズは，政府は有効需要を増加させ，社会的に望ましくないと考えられる非自発的失業の解消に責任を負うべきであるとした。デフレギャップを解消し完全雇用を達成したり，インフレギャップを解消し物価の安定を図ったりする財政政策は，積極的財政政策であるとか裁量的財政政策と呼ばれる。

- **ビルト・イン・スタビライザー**
  財政には，収入面と支出面にそれぞれ内在して需要の変動を自動的に安定させる仕組みが制度内に組み込まれている。自動安定化機能，自動安定装置とも呼ばれる。

- **乗数（効果）**
  乗数とは，需要が増加した時に，結果としてその何倍のGDPが生み出されるのかの倍率である。政府支出乗数は，政府支出を増加させた時，租税乗数は減税を行った時，均衡予算乗数は政府支出を増やすのに，増税を行ってその財源をまかなう均衡予算を採用した時，国民所得がどれだけ増えるか，それぞれの財政政策の効果を示している。

- **IS-LM分析**
  IS-LM分析はケインズ経済学の標準的な理論的枠組みであり，マクロ経済学の

標準的なモデルとなっている。財市場を均衡させる国民所得と利子率の組み合わせを表すIS曲線は，右下がりとなる。貨幣市場を均衡させる国民所得と利子率の組み合わせを表すLM曲線は，右上がりの形状である。IS曲線とLM曲線の交点で財市場と貨幣市場の両市場を均衡させる国民所得と利子率が決定される。財政政策として政府支出を増加させるとIS曲線は右にシフトする。その結果，財市場における総需要が拡大し，均衡国民所得が増加するが，利子率が上昇する。

・クラウディング・アウト効果

政府支出の増加によって民間投資が抑制され，国民所得が減少する副作用を生じる効果は，政府支出のクラウディング・アウト効果と呼ばれている。

1 財政政策の目的

政府や中央銀行が行う経済政策は，大きく**財政政策**と**金融政策**の2つに集約できる。このうち，**財政政策は政府が主体となって行うもの**である。経済における政府の役割は，資源配分の最適化，所得分配の公平を達成するための所得再分配，経済成長と安定という3つの目的を財政の機能を用いて達成することである。これらの目的を達成するために実施されるのが財政政策である。

国民所得（GDP）がどのように決まるかを前章で見た。GDPが大きいほど，経済活動が活発となり，労働需要も増加するので失業が解消される。このような状態，つまり**完全雇用**が達成された状態で決定されたGDPを完全雇用国民所得と呼び，Y^Fと表わす。これは，社会的に見て望ましいと言える。完全雇用とは失業がゼロであると言うことを意味しない。なぜなら，**自発的失業**や**構造的失業**が存在するからである。ケインズが言う完全雇用とは**非自発的失業**がない状態である。非自発的失業とは，本人に働く意思と能力があるのに景気が悪くて職に就けない失業である。

1929年から始まった世界的な大不況を目の当たりにして自らの経済理論を「一般理論」として公表したケインズは，不況対策に関して政府や中央銀行が

経済に積極的に関わる必要があるとした。失業してしまうと，生産活動に関わることができなくなるので，所得が得られなくなってしまう。このような状態は社会的に見て望ましくないと言える。ケインズは，政府は有効需要を増加させ，社会的に望ましくないと考えられる非自発的失業の解消に責任を負うべきであるとした。実際のGDPが，望ましいGDPを下回る（あるいは上回る）場合，総需要をコントロールして，失業の解消などと言った政策目標を達成するために行われるのが**総需要管理政策**である。

2 財政政策の手段

1 総需要管理政策

(1) デフレギャップが存在する場合

図12-1では，均衡国民所得（Y^E）が，完全雇用国民所得（Y^F）よりも低いところで決定している。Y^Eの所得水準では現行の賃金で働きたいと思う人が雇用されていないので，非自発的失業が存在している。完全雇用国民所得の水準で企業が生産を行うと超過供給が発生する。超過供給を解消するために，企業は生産量を減らすので，均衡国民所得はY^Eの水準になっているのである。

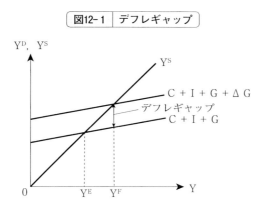

図12-1 デフレギャップ

生産量が減るために，労働需要も減り，非自発的失業が発生していると説明できる。この時の超過供給を**デフレギャップ**と言い，デフレギャップが大きいほど，不況が深刻であると考えられている。

デフレギャップが存在するときに，総需要管理政策では総需要を増加させ，デフレギャップを解消するような政策をとる。デフレギャップが存在するときには，物価が持続的に下落するデフレーションが発生しており，非自発的失業の発生，GDP の減少などの弊害がある。デフレーション対策のための財政政策としては政府支出の増加や減税が行われる。政府支出を増加させて，公共投資を増やし，失業者を雇って道路や橋を作ると，総需要が増加する。また，減税を行うと可処分所得が増えて，消費が増えることからやはり総需要が増加する。

図12-1において，デフレギャップを解消するためには総需要曲線を上にシフトさせて，完全雇用国民所得の水準で均衡させてやればよいことになる。国民所得は $Y = C + I + G$ で決定される。国民所得を ΔY だけ増加させたい場合は，消費 C，投資 I，政府支出 G のどれかを増やしてやれば良いことになる。例えば，政府支出を ΔG 増加させると，総需要曲線は ΔG だけ上にシフトするので，完全雇用国民所得 Y^F で均衡し，社会的に望ましい状態が達成されることになる。（**図12-2**）

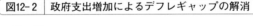

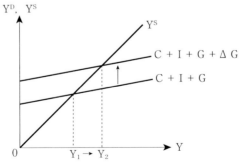

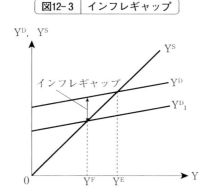

図12-3 インフレギャップ

(2) インフレギャップが存在する場合

　均衡国民所得が，完全雇用国民所得を上回っている場合はどうだろうか。完全雇用国民所得においては，働く意思と能力のある人がすべて働いているので，生産能力は上限いっぱいである。そのために，Y^F よりも大きな Y^E は実現不可能である。この状態を図示したのが**図12-3**である。国民所得が Y^F の時に，超過需要が存在している。この時の超過需要を**インフレギャップ**と呼ぶ。ケインズは，需要が多すぎるのも問題であるとしている。完全雇用の水準で国民所得が決まっている場合，失業が低く，生産設備もフル稼働していて生産能力が上がらない時，需給がアンバランスとなり，賃金や物価が上昇し，インフレーションが発生するからである。インフレーションは，所得分配の不平等を加速する。

　インフレギャップが存在し，景気が行き過ぎているとき，総需要管理政策では総需要を減少させるような政策がとられる。インフレーション対策のための財政政策は，政府支出を減少させる，あるいは消費を押さえるために増税を行う。**図12-3**においては，これらの政策を行ったとき，総需要曲線は下へシフトし，完全雇用国民所得の水準で均衡する。

2　ビルト・イン・スタビライザー

　総需要管理政策として，デフレギャップを解消し完全雇用を達成したり，イ

ンフレギャップを解消し物価の安定を図ったりする財政政策は，**積極的財政政策**であるとか**裁量的財政政策**と呼ばれる。

これに対して，財政には**ビルト・イン・スタビライザー**と呼ばれる**総需要の変動を自動的に安定させる仕組みが制度内に組み込まれている**。自動安定装置とも呼ばれるビルト・イン・スタビライザーは，財政の収入面と支出面にそれぞれ内在している。

収入面においては，累進的な所得税，景気に敏感な法人税のような租税制度があげられる。累進的な所得税の場合は，次のとおりに説明される。不景気の時には，所得が減るが，所得税の納税も減ることになり，可処分所得の減少が抑えられ，その結果，消費支出の減少が緩和され，不景気の深刻化が防がれる。好景気の時には，所得が増えると，所得税の納税額も増加するので，可処分所得の伸びが抑えられ，消費支出の増加に歯止めがかかり，景気の過熱を防ぐのである。

支出面では，社会保障制度があげられる。たとえば，失業保険を見てみると，不景気の時には，失業者が増えて，失業保険給付が増加する。失業保険給付が失業者の消費を支え，景気の悪化を緩和する。好景気の時には，失業者が減る。失業保険給付も減少し，財政支出を抑制することになる。

ビルト・イン・スタビライザーには，支出計画や税率の変更に伴うタイムラグが生じないために，速やかにこの機能が働き始める利点がある。しかし，この機能は，不況やインフレを抑制するだけで，積極的にこれを改善するものではない。

3 財政政策の効果

政府支出の増加や減税と言った財政政策が行われると，GDP が増加する。これには，**乗数効果**が関係している。**乗数**とは，需要が増加した時に，結果としてその何倍の GDP が生み出されるのかの倍率である。**政府支出乗数**，**租税乗数**，**均衡予算乗数**がそれぞれどのように計算されるかについてみてみよう。

1 政府支出乗数

均衡国民所得は次の式で決定される。

$$Y = C + I + G \tag{1}$$

租税収入（T）は，国民所得の水準とは独立に一定であると仮定すると，可処分所得は $Y-T$ となり，消費支出 C と可処分所得の関係は，

$$C = c_0 + c(Y-T) \tag{2}$$

という消費関数で表される。ここで，定数 c_0 は基礎的消費であり，たとえ所得がない場合でも生命維持のために最低限消費される額である。また，c は限界消費性向で所得が1単位増加すると消費がどれだけ増加するのかを表している。ここで，(2)式を(1)に代入して Y について整理すれば，均衡国民所得は，

$$Y = \frac{1}{1-c}(c_0 - cT + I + G) \tag{3}$$

のように求められる。

政府支出を ΔG だけ増加させると国民所得 Y は，

$$Y = \frac{c}{1-c}(c_0 - cT + I + G + \Delta G) \tag{4}$$

となり，国民所得の増加分は(4)式から(3)式を引くことで求められるから，

$$\Delta Y = \frac{1}{1-c} \Delta G$$

となる。この式は政府支出が ΔG 増加すると $\frac{1}{1-c}$ 倍だけ国民所得が増加することを表しており，$\frac{1}{1-c}$ は政府支出乗数と呼ばれる。

たとえば，限界消費性向を0.8とした場合，$\frac{1}{1-0.8}$ により乗数は5になるので，政府支出を1兆円増加させると，国民所得は5兆円増加することになる。

2 租税乗数

租税が ΔT 変化した場合,国民所得は何倍変化するかと言うのが租税乗数である。この時,国民所得は,

$$Y = \frac{1}{1-c}(c_0 - c(T + \Delta T) + I + G) \tag{5}$$

で表される。(5)式から(3)式を引くと,国民所得の変化分 ΔY が求められるから,

$$\Delta Y = -\frac{1}{1-c}\Delta T$$

となる。租税乗数は $-\frac{c}{1-c}$ と符号がマイナスで,値も $\frac{c}{1-c}$ と小さくなっている。租税乗数の符号がマイナスであるのは,租税が増えると可処分所得（Y－T）が減少し,その結果,消費も減少するために,需要が減少してしまうからである。国民所得を増やしたい場合には,支払う租税を少なくする減税を行えばよい。減税を行った時の租税の変化量 ΔT は,マイナスになる。

たとえば,1兆円の減税を行った場合,GDP はいくら増加するだろうか。限界消費性向は0.8であるとする。1兆円の減税なので,$\Delta T = -1$ 兆円となる。$-\frac{0.8}{1-0.8}$ を計算すると,4兆円 GDP が増加することになる。

政府支出の増加も減税もその乗数倍の国民所得を増加させることになるので,総需要管理政策としての財政政策は有効であると言える。政府支出乗数 $\frac{1}{1-c}$ は,租税乗数 $\frac{c}{1-c}$ よりも大きいので,財政政策としては政府支出の増加を選択した方がよいと言える。

3 均衡予算乗数

政府支出を増やすのに,増税を行ってその財源をまかなうのが均衡予算である。政府支出を増加させるのに,増税でその財源をまかなうと景気に対してどのような効果があるだろうか。政府支出を増加させると $\frac{1}{1-c}$ 倍の GDP の増加がみられるが,増税でその財源をまかなうから $\frac{c}{1-c}$ 倍の GDP が減少する。予算を均衡させたままで政府支出を増加させた場合,景気に与える効果は,

$$\frac{1}{1-c} - \frac{c}{1-c} = 1$$

となる。つまり、政府支出乗数は1となる。政府支出乗数は1であるが、GDPが増加するのは、政府支出乗数が租税乗数よりも大きいからである。例えば、政府支出を1兆円増加させて、その財源を1兆円の増税でまかなうとGDPはどれだけ増加するだろうか。限界消費性向は0.8とする。均衡予算乗数は1であるので、1×1兆円で1兆円、GDPが増加する。この時、政府支出乗数は5なので5兆円のGDPを増加するが、増税によるマイナスは、租税乗数が4なので4兆円である。5兆円－4兆円＝1兆円のGDPの増加となるのである。

4　IS-LMモデルによる財政政策の分析

1　IS-LM分析

　財市場の均衡を表すモデルが、**45度線分析**である。45度線分析では、利子率を所与として財市場で需給が一致するように国民所得が決まることが説明される。財市場と貨幣市場とは完全に分離されているのではなく、互いに影響しあっていることに着目し、国民所得と利子率の決定を同時に説明するのが**IS-LM分析**である。IS-LM分析はケインズ経済学の標準的な理論的枠組みであり、マクロ経済学の標準的なモデルとなっている。

　IS曲線は、**財市場を均衡させる国民所得と利子率の組み合わせを表している**。IS曲線は、右下がりとなる。その理由は、利子率が低下すれば、投資需要が拡大するから、財市場の均衡を維持するには生産も拡大する必要があるからである。**LM曲線**は、**貨幣市場を均衡させる国民所得と利子率の組み合わせを表している**。LM曲線は、右上がりの形状である。利子率が上昇すると、貨幣よりも債券を持とうとするので貨幣需要は縮小する。そのままでは、貨幣市場は超過供給になるので、貨幣市場の均衡を回復するには、国民所得が増大して、貨幣の取引需要を刺激しなければならない。

| 図12-4 | IS-LM 分析（IS 曲線と LM 曲線）|

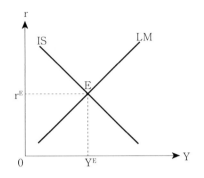

| 図12-5 | IS 曲線のシフト（政府支出の増加）|

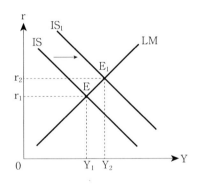

　図12-4のように，IS 曲線と LM 曲線の交点 E で財市場と貨幣市場の両市場を均衡させる国民所得と利子率が決定される。

2　IS-LM 分析の枠組みを用いた財政政策の効果

　これまでに，45度線分析や乗数効果を用いて，財政政策の効果を説明した。IS-LM 分析の枠組みを用いて，財政政策の効果を分析しよう。**図12-5**には，財市場の均衡を示す IS 曲線と貨幣市場の均衡を示す LM 曲線が描かれている。
　政府支出の増加によって，IS 曲線は右にシフトし，均衡点は E から E_1 へ移

動する。政府支出の増加によって，財市場は，これまでの利子率では超過需要が発生する。超過需要が解消されるには，企業が増産し，その結果，国民所得が増加しなければならない。均衡点 E から E_1 への移動によって，国民所得は増加し，利子率も上昇していることがわかる。財市場における総需要が拡大し，均衡国民所得が増加するのは45度線分析での説明と同じである。

利子率の上昇はどのように説明されるだろうか。政府支出が増加すると，財市場で超過需要が発生し，生産が刺激されて国民所得が増加する。国民所得の増加に伴い貨幣の取引需要が活発化し増加するので，貨幣需要そのものも増加する。利子率がそのままであると，貨幣市場では不均衡が生じ，超過需要が発生する。超過需要を解消するために利子率が上昇し，貨幣需要が抑制され，貨幣市場の均衡が回復されるからである。

3　クラウディング・アウト

図12-6において，利子率がもとの r_1 のままであるとき，政府支出が増加して，IS 曲線が右にシフトしたときの新しい均衡点は A となる。①で表されているこのときの政府支出の拡大効果は45度線分析での政府支出の拡大効果と同じである。政府支出増加は乗数の値 $\frac{1}{1-c}$ に対応しており，政府支出は Y^E から Y_1 へ増加している。

利子率が上昇すると，投資需要が抑制される。②の A から E_1 への動きは利

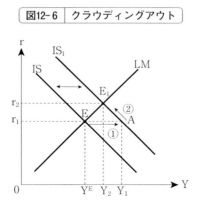

図12-6　クラウディングアウト

子率が上昇し投資需要が抑制され，国民所得も Y_1 から Y_2 へと減少している。政府支出の増加といった財政政策は，利子率の上昇によって部分的に相殺されることがわかる。このように，**政府支出の増加によって民間投資が抑制され，国民所得が減少する副作用を生じる効果**は，政府支出の**クラウディング・アウト効果**と呼ばれている。

第 13 章

貨幣

> **キーワード**
>
> ・貨幣
>   ①支払手段，②価値尺度，③価値の保蔵手段の3つの機能を持つ。
> ・マネーストック
>   民間非金融機関が保有する現金通貨Cと預金通貨Dの合計。
> ・マネタリーベース
>   現金通貨Cと法定準備預金R（日銀当座預金）の合計。
> ・信用創造
>   銀行が預金と貸し出しを連鎖的に繰り返すことで預金通貨が増えていくこと。
> ・信用乗数
>   マネタリーベースの増加に対して，何倍のマネーストックが生み出されるかを示す指標。

 貨幣とは

　貨幣を見たことも使ったこともないという人はまずいないことであろう。極めて日常的なものであるが，これについて考えてみたい。まずは経済学における一般的な貨幣の機能を確認する。一般的に貨幣の機能は，①支払手段，②価値尺度，③価値の保蔵手段の3つとされている。

　まず第一に支払手段である。たとえば貨幣が存在しない物々交換のような社

会では，自分が所有したい財があり，それを持っている人を自分が見つけたとしても，その相手が欲しがっているものを自分が持っていなければ交換が成立しない。自分がリンゴが余っており，梨が欲しいとする。そこで，自分のリンゴを誰か梨と交換したいと考えても，梨の所有者がリンゴを欲しいと思っていなければ，その交換は成立しない。このような**欲望の二重の一致**が成立することもあるかもしれないが，世の中には多数の財が存在する。このような一致が常に成立するとは限らない。ところが，貨幣は，一般受容性という性質を持つ。一般受容性とは何とでも交換できる性質くらいに考えたもらっても良い。この一般受容性のため，貨幣はさまざまな経済取引を効率化する機能も果たしている。

第二に価値尺度である。財の交換のためには各財の交換比率である相対価格が問題となる。相対価格とはリンゴ2個と梨1個とか，交換するときの比率のことである。物々交換ではこの相対比率が膨大に必要となる。ところが，一般的な価値基準となる貨幣を導入することで取引を簡素化することが可能となる。これが価値尺度である。

最後に価値保蔵機能がある。貨幣は取り扱いやすく，長期間保存したとしても腐ったり品質が低下することがない。ただし，インフレーションが発生した場合は貨幣の価値が下がることも考えられる。

マネーストック

一国内あるいは一地域圏内で流通手段や支払手段としての機能を果たす貨幣を通貨という。通貨は**現金通貨**と**預金通貨**に分けられる。現金通貨には基本的に紙幣と硬貨があり，紙幣は日本銀行券とも呼ばれ，硬貨は狭義の意味での貨幣である。そして，銀行口座に預ける預金も預金通貨であり，これも通貨である。

通貨の市場での供給量を貨幣供給量といい，現在では**マネーストック**として日本銀行が使っている。マネーストックの定義は，日本銀行によれば，「マネーストックとは，基本的に，通貨保有主体が保有する通貨量の残高（金融機関や中央政府が保有する預金などは対象外）」とあれ，民間非金融機関が保有

する**現金通貨**Cと**預金通貨**Dの合計からなる。

また，以前は貨幣供給量として**マネーサプライ**として統計が公表されてきた。2007年10月にゆうちょ銀行（2007年10月に業務開始）が国内銀行として扱われるようになり，金融商品の多様化に対応するため，2008年6月に見直しが行われ，現在ではマネーサプライではなく，マネーストックという用語が使われるようになった。しかし，現在でも貨幣供給量としてマネーサプライを用いる教材もあり，貨幣供給量をマネーストックともマネーサプライともいい，日本銀行はマネーストックを用いて公式統計を公表しているとして理解されたい。

そして，マネーストックの詳細な定義は，集計する通貨にどの金融商品を含めるかについては，国やその時々によって異なってくる。日本では，日本銀行のマネーストック統計にて分類されており，**表13-1**のように定義されている。

かつてマネーサプライという用語が使われていた時代では「M2＋CD」という指標が最重視されていたが，現在のマネーストック統計では「M3」も重視される。M3が増加すると景気が拡大し，減少すると景気が後退すると傾向が基本的にはあるとされている。M3が増えれば，借り入れることができるお金が増えるためである。

2016年8月9日発表の日本銀行によるマネーストック速報によれば，2016年7月現在でM1が約666兆円，M2が約941.8兆円，M3が約1263.5兆円，広義

表13-1 マネーストックのカテゴリー

指標	定義	対象機関
M1	現金通貨＋預金通貨	1, 2
M2	現金通貨＋預金通貨＋準通貨（定期預金や外貨預金など）＋CD（譲渡性預金）	1
M3	M1＋準通貨＋CD	1, 2
広義流動性	M3＋金銭の信託＋投資信託＋金融債＋銀行発行普通社債＋金融機関発行CP＋国債＋外債	1, 2, 3

注1：対象機関の1は日本銀行，国内銀行（除くゆうちょ銀），外国銀行在日支店，信用金庫・信金中金，農林中央金庫，商工組合中央金庫であり，2はゆうちょ銀行，農協・信農連，漁協・信魚連，労金・労連，信用組合・全信組連であり，3は保険会社，中央政府，非居住者である。
注2：譲渡性預金とは発行金額・期間・金利・保有者に何ら制限がない譲渡性と流動性を持った，第三者に指名債権譲渡方式で譲渡することができる無記名の定期預金証書である。

流動性が約1650.3兆円となっている。ちなみに，Ｍ１の約666兆円のうち，現金通貨が約91.8兆円で預金通貨が約574.2兆円であり，現金通貨よりも預金通貨の方がはるかに多くなっている。その意味で，現代社会における貨幣は高度な情報システムに支えられた金融システムに大きく依存しているといえよう。

3 マネタリーベース

　マネーストックと並んで，**マネタリーベース**も重要な指標である。マネタリーベースとは日本銀行が供給する通貨であり，マネーストックの基となる通貨という意味で，**ベースマネー**，そして中央銀行通貨とも呼ばれる。**ハイパワードマネー**という名称も頻繁に使われている。ともあれ，マネタリーベース，ベースマネー，ハイパワードマネー，中央銀行通貨の４つは同じ意味であり，媒体によって使い方が異なるので，その都度適宜，注意されたい。本章では日本銀行が公式に採用しているマネタリーベースの表記を用いる。

　マネタリーベースの定義であるが，日本銀行は「世の中に出回っているお金である流通現金（「日本銀行券発行高」＋「貨幣流通高」）と「日銀当座預金」の合計額」としている。言い換えれば，「現金通貨Ｃと法定準備預金Ｒ（日銀当座預金）の合計」ということになる。

　ここで，**法定準備預金**（日銀当座預金）について説明しよう。そのためにまず法定準備制度を解説する。法定準備制度とは英語では reserve deposit requirement system であり，支払準備制度，準備預金制度とも呼ばれる。民間銀行は預金者から預金を集め，これを企業等に貸し付け，貸し付けた金額の金利の**利ザヤ**でビジネスを行っている。民間銀行は預金のすべてを企業に貸付けてよいわけではなく，預金者の払い戻しに備えて預金の一部を残しておかなければならない。このため，預金の一定割合（**法定準備率**）を日銀預け金の形で保有しておくことが法律で定められている。これを法定準備金制度という。

　このように民間銀行が預金残高に応じて日本銀行に預けることを義務付けられている通貨を法定準備預金（日銀当座預金）という。

信用乗数

　ここで，マネーストックとマネタリーベースの関係を考えていきたい。まず，マネーストックとマネタリーベースの性質を再確認してみると，**表13-2**のようになる。

　政府がマネタリーベースを増やすと，民間が所有するマネーストックも増加する。マネタリーベースは，**信用創造**の基礎となる。つまり，民間銀行から融資として企業に供給される貸出しの原資ともなる。この貸出しと預金の連鎖によって銀行の預金通貨Dが増加していく。これを銀行の信用創造機能と呼ぶ。言い換えれば，ある銀行に新規の預金がなされると社会全体としてはその何倍もの預金が創造されることである。

　たとえば，法定準備率が10％であるとする。ここでA銀行に100万円が預金されたとしよう。A銀行は預金の10％を準備金として手元に保有し，残りの90万円を企業aへ貸出すとする。この企業aはそれを企業bに対する支払いにあてる。企業bがこの90万円を銀行Bに預金した場合には，銀行Bには新たな預金90万円が増えることになる。そして，銀行Bは法定準備率の10％にあたる9万円を準備金として手元に保有し，残りの81万円を貸出にあてる。このような連鎖がC銀行，D銀行と次々に続いていくと結局，最初の100万円の預金が銀行部門全体でその何倍もの預金を派生的に生み出すことになる。

　マネタリーベースが信用創造の元となり，マネーストックは信用創造の結果，

表13-2　マネーストックとマネタリーベース

マネタリーベース （ベースマネー，ハイパワードマネー）	［定義］現金通貨C＋法定準備預金R
	日本銀行が供給
	信用創造の基礎
マネーストック （マネーサプライ，貨幣供給量）	［定義］現金通貨C＋預金通貨D
	民間非金融部門が保有
	信用創造によって生み出される

経済全体にどの程の通貨が流通しているかを測る指標である。

このマネタリーベースの増大がどれほどマネーストックを増大させるかを示すのが信用乗数である。信用乗数は以下のようになる。まず，マネーストック M^S は現金通貨 C と預金通貨 D の和であるため，

$$M^S = C + D \tag{1}$$

となり，マネタリーベースはハイパワードマネーとも呼ばれるため，H で表すと，現金通貨 C と法定準備金 R の合計として，

$$H = C + R \tag{2}$$

が成立する。(13-1) 式を (13-2) 式で割ると，

$$\frac{M^S}{H} = \frac{C + D}{C + R} \tag{3}$$

となる。この右辺の分子と分母を D で割ると，

$$\frac{M^S}{H} = \frac{\frac{C}{D} + \frac{D}{D}}{\frac{C}{D} + \frac{R}{D}} \tag{4}$$

であり，ここで，C/D を現金・預金比率 c とし，R/D を法定準備率 r とすると，

$$\frac{M^S}{H} = \frac{c + 1}{c + r} \tag{5}$$

となり，さらに，

$$\frac{c + 1}{c + r} = m \tag{6}$$

とすれば，

$$M^S = mH \tag{7}$$

が導かれる。両辺の変化分をとると，

$$\Delta M^S = m \Delta H \tag{8}$$

となり，中央銀行がマネタリーベース（ハイパワードマネー）H を決めると，

そのm倍のマネーストックが供給される。このmを**信用乗数**とよぶ。**法定準備率**rが下がれば，信用乗数mが大きくなる。

つまり，信用乗数mが一定であれば，マネタリーベースの拡大はマネーストックが増大していく。しかし，信用乗数mに変化があれば，日本銀行がマネタリーベースを拡大させても，マネーストックの拡大効果がさほど期待できない可能性もある。信用乗数mは，現金・預金比率cの上昇または法定準備率rの上昇により低下する。

5 利子率の決定

第4章で学んだように，財の価格は，その財に対する需要と供給で決定される。図13-1の左図はそれを示している。つまり，財に対する需要と供給の交点で均衡価格が決定される。ところで，利子率とは貨幣の貸し借りの際に生じる価格であるとも表現することができる。この利子率の決定について古典派理論を見ていく。

古典派の利子の決定メカニズムでは，投資Iは融資の資金に対する需要であり，利子率が上昇すると減少すると考える。そして，貯蓄は貸し付けする資金であり，利子率が上昇すると増加する。このために，図13-1の右図のように右下がりの投資曲線と右上がりの貯蓄曲線が描かれ，前者が資金の需要，後者

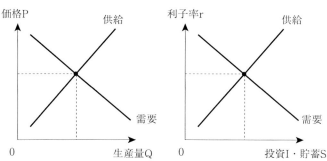

図13-1 古典派の利子率の決定

が資金の供給となる。

　古典派によれば，財市場で決定される財価格も，資金市場での利子率の決定も，需要と供給の交点で決定される。

　第14章では，ケインズのマクロ経済学に従って利子率の決定について説明する。つまり，**利子率の決定については，古典派とケインズ派で決定的に異なる**ことに注意である。ケインズのマクロ経済学においては，貨幣供給量の増大は流動性選好説に従って利子率を低下させる。利子率が低下すれば投資が拡大し，その結果，国民所得が増大する。つまり，貨幣供給量の増大が国民所得を増大させることになる。よって，第14章で学ぶように金融政策が有効となると考える。しかし，古典派では**図13-1**のように利子率は資本に対する需要と供給で決定されるため，貨幣供給量とは独立となる。

第 14 章

金融政策

キーワード

- **公開市場操作**

  公開市場操作（Open Market Operation）とは，中央銀行が金融機関との間で債券等を売買することで貨幣供給量をコントロールする金融政策手段である。中央銀行は，不況期には債券等を買い取ることでハイパワード・マネーを増やす買いオペレーションを行い，景気過熱期には債券等を売ることでハイパワード・マネーを減らす売りオペレーションを行う。

- **法定準備率操作**

  法定準備率操作（Legal Reserve Ratio Control）とは，中央銀行が法定準備率を変更することで，貨幣乗数を変化させて貨幣供給量をコントロールするという金融政策手段である。中央銀行は，不況期には法定準備率を下落させて貨幣乗数を大きくし，景気過熱期には法定準備率を上昇させて貨幣乗数を小さくする。

- **公定歩合操作**

  公定歩合操作とは，かつて日本銀行が公定歩合を変更することで，貨幣供給量をコントロールした金融政策手段である。日本銀行が市中銀行に貸し付ける際の政策金利を公定歩合といい（現在は，基準割引率および基準貸付利率），かつてはその変更は重要な金融政策手段として機能していた。しかしながら，近年は金利が自由化されたため，この金融政策手段はいまやアナウンス効果でしかない。

- **流動性の罠**

  流動性の罠（Liquidity Trap）とは，不況がより深刻で極めて低い金利水準となっている場合，貨幣需要が無限大となってしまう状況をいう。このような状況下では，金融緩和策は無効となってしまう。

- **投資の利子弾力性**

  投資の利子弾力性（Interest Elasticity of Investment）とは，利子率が1％変化

した際に投資が何％変化したかを示すものである。不況がより深刻な場合，利子率が下がっても企業が投資を増やさない状況に陥り，この状況は投資の利子弾力性が非弾力的と呼ばれる。このような状況下では，金融緩和策は無効となってしまう。

 金融政策の手段

　中央銀行は，国内の物価の安定や経済成長・雇用の維持を目的に，金融政策を行う。金融政策は，財政政策と並んで，国のマクロ経済政策の二本柱であるが，財政政策が総需要の水準に直接的に影響を与えて国民所得を誘導するのに対して，金融政策は金融市場を通じて間接的に総需要に影響を与えることになる。

　前章で説明したように，中央銀行はハイパワードマネー（マネタリー・ベースまたはベースマネー）を操作することを通じて貨幣供給量（マネー・サプライ）を増減し，利子率を調整することができるが，こうした金融政策を実施するためには，①公開市場操作，②法定準備率操作，③公定歩合操作，の３つの手段がある。

1　公開市場操作

　公開市場操作とは，中央銀行が金融市場に参加して，流通している債券や手形などを売買することで，ハイパワード・マネーの量を変化させ，貨幣供給量をコントロールする金融政策手段である。すなわち，

$$M = m \times H$$

から，貨幣乗数 m が不変であったとしても，中央銀行はハイパワード・マネー H を操作することで，市中の貨幣供給量 M を増減させることができるのである。

貨幣供給量 M を増やしたい場合，中央銀行は市場において債券・手形を購入する。中央銀行は，その債券等の代金として売り手に現金を支払うため，これは市中への現金の投入になり，ハイパワード・マネー H が増加することになる。したがって，注入された H の m 倍だけ貨幣供給量 M が増加することになる。この公開市場操作は，**買いオペレーション**といい，略して**買いオペ**と呼ばれている。

それとは逆に貨幣供給量 M を減らしたい場合，中央銀行は市場において保有している債券・手形を売りに出す。中央銀行は，その債券等の代金として買い手から現金を受け取るため，これは市中からの現金の回収になり，ハイパワード・マネー H が減少することになる。したがって，回収された H の m 倍だけ貨幣供給量 M が減少することになる。この公開市場操作は，**売りオペレーション**といい，略して**売りオペ**と呼ばれている。

2　法定準備率操作

中央銀行は，市中の金融機関に対して，保有する預金の一定割合を中央銀行に預け入れさせることを法律で義務付けている（**準備預金制度**）が，銀行が保有する預金に対する中央銀行へ預けなければならない金額の最低限の割合のことを**法定準備率**と呼ぶ（銀行が保有する預金に対する中央銀行への実際の預入額の割合を**支払準備率**と呼び，支払準備率が法定準備率を上回ることもある）。

法定準備率操作とは，中央銀行が法定準備率を変更することで，民間金融機関の支払準備率の変化を促し，それによって貨幣乗数を変化させて貨幣供給量をコントロールするという金融政策手段である。

いま，預金を D，現金を C，準備を R とすると，貨幣乗数 m は，

$$m = \frac{\frac{C}{D} + 1}{\frac{C}{D} + \frac{R}{D}}$$

となる。

したがって，貨幣供給量 M とハイパワード・マネー H の関係は，

$$M = \frac{\frac{C}{D} + 1}{\frac{C}{D} + \frac{R}{D}} \times H$$

と表すことができる。ここで，$\frac{R}{D}$ が**支払準備率**を示すことから，ハイパワード・マネー H を変化させなくても，中央銀行は法定準備率を変更することで支払準備率 $\frac{R}{D}$ を変化させ，市中の貨幣供給量 M を増減させることができるのである。なお，中央銀行の法定準備率の変更が支払準備率を変化させることから，この金融政策手段を**支払準備率操作**とも呼ぶ。

貨幣供給量 M を増やしたい場合，中央銀行は法定準備率を引き下げることで支払準備率を小さくさせる。貨幣乗数 m の定義式より，$\frac{R}{D}$ の値が小さくなると m は大きくなるため，ハイパワード・マネー H が変化しなくとも，新たに大きな値となった貨幣乗数 m 倍だけ貨幣供給量 M が増加することになる。

それとは逆に貨幣供給量 M を減らしたい場合，中央銀行は法定準備率を引き上げることで支払準備率 $\frac{R}{D}$ を大きくさせる。貨幣乗数 m の定義式より，$\frac{R}{D}$ の値が大きくなると m は小さくなるため，ハイパワード・マネー H が変化しなくとも，新たに小さな値となった貨幣乗数 m 倍だけ貨幣供給量 M が減少することになる。

3　公定歩合操作

中央銀行は，市中の銀行に対して準備金を貸し付けることがあるが，その際の政策金利（利子率）を日本銀行では**公定歩合**（2006年以降は，**基準割引率および基準貸付利率**）と呼ぶ。**公定歩合操作とは，この政策金利を変更することで，日本銀行（中央銀行）から市中銀行への準備金の貸し出し量を調整したり，市場利子率に影響を与えたりする金融政策手段である。**

わが国では現在は金利が自由化されており，貨幣市場における需給バランスによって市場利子率が決定される**自由金利**となっているが，1980年代までは日本銀行が決定する公定歩合を基準に市場利子率が決まる**規制金利**となっていた。したがって，規制金利のもとでは，中央銀行が公定歩合を下げると，中央銀行から市中銀行への準備金貸出量が増加するとともに，それに連動して市場金利

が下がる。

　しかしながら，現在のような自由金利のもとでは，公定歩合操作は市場利子率に直接的な影響をもたなくなった。ただし，公定歩合の変更は，日本銀行の金融政策のスタンスを市場関係者に知らしめるシグナルになり，それによって市場が動いたりする。すなわち，公定歩合の引き下げは日本銀行が貨幣供給量を増やして金利を下げたいというシグナルになり，その逆に公定歩合の引き上げは日本銀行が貨幣供給量を減らして金利を下げたいというシグナルになる。こうしたシグナルによって市場に影響を与えることを**公定歩合操作のアナウンス効果**と呼ぶ。

  金融政策の効果

　ケインズのマクロ経済学では，国が景気・物価の安定のために適切な経済政策をとることを求めている。ここでは，国の経済状況に応じて中央銀行がとるべき金融政策手段とその効果についてみていく。

1　不況の場合

　国内経済の不況とは，有効需要が少ないため国民所得が小さく，**失業が発生**している状況であり，**図14-1**のような**デフレギャップ**が生じている状態であ

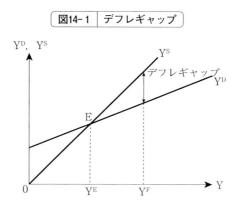

図14-1　デフレギャップ

る。したがって，不況対策とは，有効需要を増やして総需要曲線を上方シフトさせ，デフレギャップを解消して**完全雇用国民所得**を実現しようとすることである。そのため，経済が不況となっている場合，中央銀行は貨幣供給量を増やして市場利子率を下落させることで，企業の投資や家計の消費を促し，財の需要を増加させ，国民所得（GDP）を増やすことが求められる。こうした**貨幣供給量を増やす金融政策を金融緩和策**とよぶ。

不況期に中央銀行が行う公開市場操作は，買いオペレーションであり，それによってハイパワード・マネー H を増やし，その貨幣乗数 m 倍に貨幣供給量 M を増大させる。また，中央銀行は不況期には，法定準備率を引き下げることで，支払準備率 $\frac{R}{D}$ を小さくさせ，貨幣乗数 m を大きくし，ハイパワード・マネーを増やさなくても貨幣供給量 M を増大させることができる。

中央銀行による買いオペも法定準備率の引き下げも，貨幣供給量 M を増大させ，利子率 r を下落させる。すなわち，貨幣市場を表す**図14-2**において，当初は貨幣需要 L と貨幣供給量 M_1 の均衡点から利子率は r_1 で決定されているとする。いま，貨幣供給量を M_1 から M_2 に増やすと，貨幣需要 L との新たな均衡点より，利子率は r_1 から r_2 に下落することになる。なお，公定歩合操作が有効な場合，不況期には公定歩合を下げることにより，市場利子率 r の下落を促すことになる。

不況期には，買いオペや法定準備率の引き下げによって貨幣供給量を増大させて利子率を下落させたり，公定歩合を引き下げて利子率の下落を促したりす

図14-2 不況期の金融政策

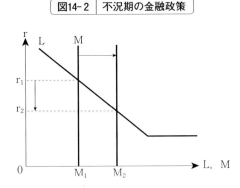

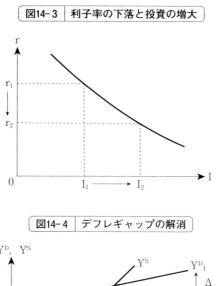

図14-3 利子率の下落と投資の増大

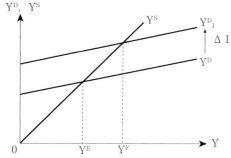

図14-4 デフレギャップの解消

るが，市場利子率 r の下落は企業の**投資収益率**（＝投資の限界効率−利子率）を上げるため，企業は投資を増大させることになる。すなわち，企業の投資量 I と利子率 r の関係が**図14-3**のように右下がりの曲線で描けるならば，利子率が r_1 のとき企業の投資は I_1 であり，利子率が r_1 から r_2 に下落すると，企業の投資は I_1 から I_2 に増大するのである。

財・サービス市場を分析した第11章でも論じたように，投資や消費の増大は総需要を増やすことになり，したがって均衡国民所得を増大させる。**図14-4**のようにデフレギャップが生じ，経済が不況となっている状態のとき，中央銀行が金融緩和策によって市場利子率を下落させれば，企業の投資や家計の消費が増加することで総需要 Y^D が上方シフトする。それが，デフレギャップの分

だけシフトさせることができ,総需要が$Y^D{}_1$になれば,均衡国民所得(GDP)は完全雇用国民所得 Y^F となり,失業が解消される。

2 経済が過熱している場合

国内経済が良すぎるということは,有効需要が大き過ぎるため総供給が完全雇用状態に達してしまっている状況であり,図14-5のような**インフレギャップ**が生じている状態である。完全雇用は一国の生産能力の上限であるため,完全雇用国民所得 Y^F を超えた生産は不可能であり,そのため超過需要が発生し,物価の上昇(**インフレーション**)を引き起こしてしまうのである。

前述したように,中央銀行の政策目的の1つに物価の安定がある。したがって,経済が過熱してインフレーションが起きているときの対策としては,有効需要を減少させて総需要曲線を下方へシフトさせ,インフレギャップを解消して物価の下落を図ることである。そのため,経済が過熱している場合,中央銀行は貨幣供給量を減らして市場利子率を上昇させることで,企業の投資や家計の消費を抑制し,財の需要を減少させ,物価を安定化することが求められる。こうした**貨幣供給量を減らす金融政策を金融引き締め策**とよぶ。

経済過熱期に中央銀行が行う公開市場操作は,売りオペレーションであり,それによってハイパワード・マネーHを減らし,その貨幣乗数m倍に貨幣供給量Mを減少させる。また,中央銀行は経済過熱期には,法定準備率を引き

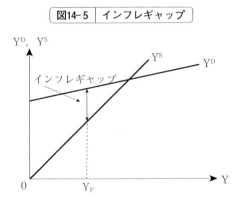

図14-5 インフレギャップ

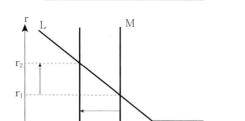

図14-6　経済過熱期の金融政策

上げることで，支払準備率$\frac{R}{D}$を大きくさせ，貨幣乗数mを小さくし，ハイパワード・マネーを減らさなくても貨幣供給量Mを減少させることができる。

　中央銀行による売りオペも法定準備率の引き上げも，貨幣供給量Mを減少させることで，利子率rを上昇させる。すなわち，貨幣市場を表す図14-6において，当初は貨幣需要Lと貨幣供給量M_1の均衡点から利子率はr_1で決定されているとする。いま，貨幣供給量をM_1からM_2に削減すると，貨幣需要Lとの新たな均衡点より，利子率はr_1からr_2に上昇することになる。なお，公定歩合操作が有効な場合，経済過熱期には公定歩合を引き上げることにより，市場利子率rの上昇を促すことになる。

　経済過熱期には，売りオペや法定準備率の引き上げによって貨幣供給量を減少させて利子率を上昇させたり，公定歩合を引き上げて利子率の上昇を促したりするが，市場利子率の上昇は企業の投資収益率（＝投資の限界効率－利子率）を下げるため，企業は投資を削減させることになる。すなわち，図14-7において，利子率がr_1のとき企業の投資はI_1であり，利子率がr_1からr_2に上昇すると，企業の投資はI_1からI_2に減少するのである。

　企業の投資の減少は総需要を減らすことになり，したがって均衡国民所得を減少させる。図14-8のようにインレギャップが生じ，経済が過熱している場合，中央銀行が金融引き締め策によって市場利子率を上昇させれば，企業の投資が減少することで総需要Y^Dが下方シフトする。それが，インレギャップの分だけシフトさせることができ，総需要がY^D_1になれば，完全雇用国民所得

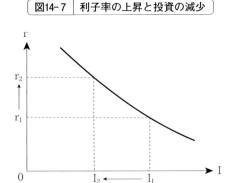

図14-7　利子率の上昇と投資の減少

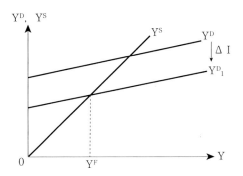

図14-8　インフレギャップの解消

Y^F における超過需要がなくなり，物価が安定し，インフレーションが解消される。

金融政策の課題

上述したように，不況期に経済を拡大したいときには中央銀行は金融緩和策（買いオペ，法定準備率の引き下げ，公定歩合の引き下げ）を行い，逆に景気過熱時に経済を冷ましたいときには中央銀行は金融引き締め策（売りオペ，法定準備率の引き上げ，公定歩合の引き上げ）を行う。

一般的に，インフレーション対策としての金融引き締め策は，市中から貨幣

を削減することから経済主体の経済取引を抑制するため，極めて有効に機能する。

しかしながら，不況対策としての金融緩和策は，ときとして効果が表れない場合もある。その代表的なケースが，流動性の罠が生じているケースと投資の利子弾力性が非弾力的なケースである。

1　流動性の罠

利子率が極めて低い状態に達すると投機的動機に基づく貨幣需要は無限大となる。したがって，投機的動機と取引的・予備的動機を合せた貨幣需要と利子率の関係は，図14-9のように，利子率がr_0に達すると水平で表されるが，こうした**最低水準の利子率において貨幣需要が無限大となる領域を流動性の罠と呼ぶ**。

いま，経済が深刻な不況にあるとき，一般的に利子率は極めて低い状態になっており，**流動性の罠**に陥っている可能性があるとする。それは，たとえば**図14-9**のように，貨幣市場において貨幣供給曲線M_1と貨幣需要曲線Lがこの流動性の罠の領域で均衡し，利子率がr_0となっている状態である。ここで，貨幣供給量をM_0からM_1に増大させると，貨幣供給曲線はM_1からM_2へ右方シフトするが，それと貨幣需要曲線Lとの均衡で決まる利子率は，r_0のままでもはや下落することはない。

図14-9　流動性の罠の状況下での金融緩和策

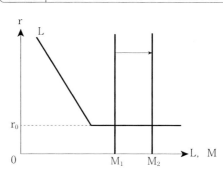

つまり，不況がより深刻で流動性の罠に陥っている場合，貨幣供給量を増やしたとしても，利子率は下がらないために有効需要を増大させることができず，したがって金融緩和策は効果がないということになる。

2　投資の利子弾力性が非弾力的

　企業の投資量は利子率の減少関数であるため，一般的に**図14-3**や**図14-7**のように，右下がりの曲線で描かれる。すなわち，企業は設備投資計画に関して，投資のための借入利子率とその投資から得られるであろう収益率を勘案して投資を決定するため，通常は利子率が下がると投資量が増加することになる。

　しかしながら，不況がより深刻な場合は，たとえ利子率が下がったとしても，投資収益率がプラスになるような投資案件が存在しない状況に陥る可能性があり，投資は利子率の変化に反応しなくなる。このようなとき，投資と利子率の関係は**図14-10**のように垂直線で表され，これを**投資の利子弾力性が非弾力的**という。

　このような場合，たとえ金融緩和策によって貨幣供給量を増大させ，利子率をr_1からr_2に下落させられたとしても，投資はI_0のままであるため，有効需要を増大させることができず，金融緩和策は効果がないということになる。

図14-10　投資の利子弾力性が非弾力的な状況下での金融緩和策

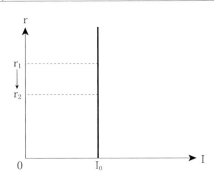

《参考文献》

・浅子和美・石黒順子『グラフィック経済学（第2版）』新世社，2013年
・浅子和美・吉野直行『入門・マクロ経済学』有斐閣，1994年
・荒井一博『ファンダメンタル ミクロ経済学（第2版）』中央経済社，2008年
・石川秀樹『速習マクロ経済学』中央経済社，2011年
・石川秀樹『速習ミクロ経済学』中央経済社，2011年
・伊藤元重『入門経済学（第4版）』日本評論社，2015年
・井原哲夫『入門経済学』東洋経済新報社，2013年
・井堀利宏『入門経済学（第2版）』サイエンス社，1997年
・井堀利宏『図解雑学 マクロ経済学』ナツメ社，2002年
・大竹文雄『スタディガイド・入門マクロ経済学（第5版）』日本評論社，2007年
・大矢野栄次『ケインズとマクロ経済学』同文館出版，2013年
・岡村宗二『ファンダメンタル マクロ経済学』中央経済社，2005年
・小淵洋一『イントロダクション経済学（第6版）』多賀出版，2009年
・神戸伸輔・寳多康弘・濱田弘潤『ミクロ経済学をつかむ』有斐閣，2006年
・北坂眞一『マクロ経済学・ベーシック』有斐閣ブックス，2005年
・小塩隆士『高校生のための経済学入門』ちくま書房，2002年
・齋藤誠・岩本康志・太田聰一・柴田章久『マクロ経済学』有斐閣，2010年
・資格試験研究会編『公務員試験 新スーパー過去問ゼミ4 ミクロ経済学』実務教育出版，2014年
・資格試験研究会編『公務員試験 新スーパー過去問ゼミ4 マクロ経済学』実務教育出版，2014年
・瀬古美喜・渡辺真知子『完全マスター・ゼミナール経済学入門』日本経済新聞社 2009年
・武隈慎一『ミクロ経済学増補版』サイエンス社，1999年
・多和田眞『コア・テキストミクロ経済学』サイエンス社，2005年
・駄田井正・内山隆夫・筒井修二・井原豊實・大水善寛『マクロ経済学の基本』晃洋書房，1992年

- 塚崎公義・山澤光太郎『初心者のためのやさしい経済学』東洋経済新報社，2003年
- 内藤英徳・池田光男『入門経済学テキスト』多賀出版，2000年
- 中谷巌『入門マクロ経済学（第5版）』日本評論社，2007年
- 中谷武史・中村保『1からの経済学』中央経済社，2011年
- 二神孝一『マクロ経済学入門』日本評論社，2009年
- 西村和夫『ミクロ経済学入門（第3版）』岩波書店　1995年
- 根井雅弘『経済学入門』講談社，2014年
- 八田達夫『ミクロ経済学1～市場の失敗と政府の失敗への対策』東洋経済新報社，2008年
- 速水昇『国家試験のための経済学』学文社，2003年
- 福岡正夫『ゼミナール経済学入門（第4版)』日本経済新聞社　2008年
- 藤原碩宣編著『政府の経済活動』学文社，1992年
- 宮川努『グラフィックマクロ経済学』新世社，2003年
- 三橋規宏・内田茂雄・池田吉紀著『新・日本経済入門』日本経済新聞社　2015年
- 大石泰彦編監訳『限界費用価格形成原理の研究』勁草書房，2005年
- G.N.マンキュー著，足立英之・石川城太・地主敏樹・中島宏之・柳川隆訳『マンキュー経済学Ⅰミクロ編（第3版)』東洋経済新報社，2013年
- G.N.マンキュー著，足立英之・石川城太・地主敏樹・中島宏之・柳川隆訳『マンキュー経済学Ⅰマクロ編（第3版)』東洋経済新報社，2013年
- H.R.ヴァリアン著，佐藤隆三監訳『入門ミクロ経済学』勁草書房，2007年
- J.E.スティグリッツ・C.E.ウォルシュ著，薮下史郎・秋山太郎・蟻川靖浩・大阿久博・木立力・宮田亮・清野一治訳『入門経済学（第4版)』東洋経済新報社，2012年
- N.キシテイニー著，若田部昌澄監修，小須田健訳『経済学大図鑑』三省堂，2014年
- P.O.ヨハンソン著，金沢哲夫訳『現代厚生経済学入門』勁草書房，1995年
- P.R.グレゴリー・R.J.ラッフィン著，伊達邦春監訳『入門現代経済学』多賀出版，1989年
- R.ハイルブローナー・W.ミルバーグ著，菅原歩訳『経済社会の形成（原書第12版)』丸善出版，2009年

索　引

══ 欧文・数字 ══

45度線分析 ················· 139, 195
GDP（Gross Domestic Product：
　国内総生産）············ 160, 163, 170
GDP デフレーター ··················· 171
GNE（Gross National Expenditure：
　国民総支出）······················· 171
GNI（Gross National Income：
　国民総所得）················ 164, 167
GNP（Gross National Product：
　国民総生産）······················· 165
IS-LM 分析 ·················· 144, 195
IS 曲線 ······················ 146, 195
IS 曲線のシフト ····················· 147
LM 曲線 ················ 145, 146, 195
LM 曲線のシフト ···················· 147
NDP（Net Domestic Product：
　国内純生産）················ 165, 171
NI（National Income：国民所得）
　················ 166, 167, 170, 171
NNI（Net National Income：
　国民純所得）······················· 166
NNP（Net National Product：
　国民純生産）······················· 166

══ あ ══

一般均衡分析 ························ 17
移転支出 ··························· 135
イノベーション ····················· 148
インフレギャップ ············ 191, 214

売りオペレーション（売りオペ）······ 209
営業余剰 ··························· 171
黄金のクロス ························ 60

══ か ══

買いオペレーション（買いオペ）······ 209
外国為替市場 ······················· 160
外需 ······························· 172
外部経済 ··························· 113
外部費用 ··························· 114
外部不経済 ················ 113, 116, 133
開放経済 ··························· 159
価格規制 ··························· 128
価格効果 ···························· 90
価格受容者（プライス・テイカー）····· 15
価格の下方硬直性 ···················· 16
価格メカニズム ······················· 5
家計 ······························· 153
可処分所得 ························· 180
寡占 ································ 60
寡占市場 ···························· 15
貨幣 ······························· 199
貨幣供給（マネー・サプライ）········ 146
貨幣市場 ···················· 144, 146
貨幣需要 ··············· 141, 142, 146
神の見えざる手 ······················· 5
間接税 ······················ 135, 154
完全競争市場 ··········· 14, 60, 92, 106
完全雇用 ··························· 188
完全雇用国民所得 ··················· 212
機会費用 ·························· 6, 51

企業	154	景気循環	147
稀少性	5	経済主体	152
帰属家賃	163	経済循環	152, 158
基礎消費	180	ケインズ革命	3
ギッフェン財	89	ケインズ型消費関数	180
機能的分配	135	ケインズ型貯蓄関数	181
規模に関する収穫固定（一定）の法則	54	ケインズ派	206
規模に関する収穫逓減の法則	54	限界原理	2
規模に関する収穫逓増の法則	54	限界効用	37, 79, 97
規模の経済	94	限界効用逓減の法則	37, 78
供給	19, 32	限界効用逓増の法則	38
供給曲線	105	限界収入	29, 100, 108
供給曲線のシフト	20	限界消費性向	140, 147, 180
供給の価格弾力性	24, 49	限界代替率	28, 30, 82
供給の変化	48	限界代替率逓減の法則	83
供給の法則	19, 47	限界貯蓄性向	181
供給量の変化	48	限界費用	29, 52, 97, 98, 100, 103, 104
競合性	119	限界費用価格形成原理	128, 129
共同消費	134	限界利潤	101
極大化原理	2	現金通貨	200, 201
均一税率の命題	69	公開市場操作	208
均衡GDP（均衡国民所得）	146, 183, 184	公共財	8, 133, 134
均衡価格	62	公需	172
均衡点	33, 62	構造的失業	188
均衡予算乗数	192	公定歩合操作	210
金融緩和策	212	効用（Utility）	37, 77, 153
金融資産	158	効用最大化原則	77
金融市場	157, 158	効用の基数的可測性	77
金融政策	147, 155, 156, 188, 208	効用の序数的可測性	78
金融引き締め策	214	国内総固定資本形成	172
クールノーの点	108	固定資本減耗	163, 167, 171
クモの巣調整過程	72	固定費用	52, 92, 93, 94
クラウディング・アウト効果	198	古典派	206
クラブ財	121, 125	コモンプール財	120, 121, 125
		雇用者所得	171
		コンドラチェフの波	148

── さ ──

財・サービス市場（生産物市場） …… 157
財政政策 ……………… 147, 155, 188
裁量的政策 ………………… 137, 192
サミュエルソン条件 ……………… 123
参入障壁 ……………………………… 106
三面等価の原則 ……………………… 171
自家消費 ……………………………… 163
資源配分 ……………………………… 133
支出 GDP ……………………………… 171
支出国民所得 ………………………… 138
市場 ……………………………… 152, 156
市場機構 ……………………………… 133
市場均衡 ………………………………… 25
市場均衡価格 …………………………… 25
市場の失敗 …………………………… 112
自然独占 ……………………………… 127
実質 GDP ……………………… 164, 171
実質賃金率 …………………………… 157
自発的失業 …………………………… 188
支払準備率操作 ……………………… 210
資本主義経済 ………………………… 133
シャウプ勧告 ………………………… 136
社会主義市場経済 ……………………… 6
収穫固定（一定）の法則 …………… 54
収穫逓減の法則 …………………… 2, 54
収穫逓増の法則 ……………………… 54
需要 …………………………………… 17, 32
需要曲線 …………………………… 18, 107
需要曲線の傾き …………………… 22, 23
需要曲線のシフト ……………………… 18
需要の価格弾力性 ………… 21, 23, 24, 40
需要の変化 ………………………… 18, 38
需要の法則 ………………………… 17, 35
需要量の変化 ………………………… 38

準公共財 ……………………………… 120
純粋公共財 …………………… 120, 125
準備預金制度 ………………………… 209
乗数 …………………………………… 192
消費関数 ……………………………… 140
消費者均衡 …………………………… 27
消費者余剰 ……………………… 43, 108
所得効果 ………………………… 28, 89
所得再分配政策 ……………………… 135
信用乗数 ……………………………… 205
信用創造 ……………………………… 203
スタグフレーション …………………… 7
ストック ………………………… 160, 161
生産国民所得 ………………………… 138
生産者余剰 ……………………… 55, 108
生産物市場（財・サービス市場）
 …………………… 144, 146, 157
生産要素 ……………………………… 154
生産要素の組合せ ……………………… 30
セイの法則 ……………… 137, 138, 178
政府最終消費支出 …………………… 172
政府支出乗数 ………………… 183, 192
政府の見える手 ……………………… 132
絶対所得仮説 ………………………… 140
全部効果 ……………………………… 90
総（全部）効用 ……………………… 37
総供給 ………………………………… 179
操業停止点 …………………………… 105
総産出 ………………………………… 170
総収入 …… 99, 100, 101, 102, 103, 107, 108
総需要 ………………………………… 179
総需要管理政策 ……………………… 189
総費用 ……… 51, 92, 97, 100, 101, 102, 103
租税乗数 ……………………… 183, 192
損益分岐点 …………………………… 104

=== た ===

- 退出規制 … 129
- 代替効果 … 28, 89
- 代替財 … 23, 34
- ただ乗り … 121, 123, 134
- 単位弾力性 … 22
- 短期と長期の違い … 94
- 短期波動 … 148
- 弾力性 … 21, 40, 50
- 中間投入財 … 170
- 中期波動 … 148
- 超過供給 … 62
- 超過需要 … 62
- 長期総費用 … 105
- 長期波動 … 148
- 直接税 … 135
- 直間比率 … 136
- デッドウェイト・ロス（死荷重） … 56, 68, 108, 117
- デフレギャップ … 190, 211
- 転嫁 … 136
- 投機的動機 … 142
- 投資の利子弾力性 … 147
- 独占 … 60, 107, 128
- 独占企業の総収入曲線 … 107
- 独占市場 … 15, 107, 108
- 独立消費 … 180
- 取引動機 … 141
- 内需 … 172
- 内部留保 … 155
- 等産出量曲線 … 29, 30
- 等費用線 … 30

=== な ===

- ニューディール政策 … 132

=== は ===

- 排除性 … 119
- ハイパワードマネー … 202, 208
- パレート最適 … 112, 114
- 非価格競争 … 16
- ピグー税 … 118
- 非自発的失業 … 188
- 非排除性 … 134
- 費用一定（固定）の法則 … 53
- 費用逓減産業 … 127, 128
- 費用逓減の法則 … 53
- ビルト・イン・スタビライザー … 136, 192
- 付加価値 … 161, 172
- 不完全競争市場 … 60, 92, 106
- 複占 … 60
- 複利成長率 … 173
- 部分均衡分析 … 17, 144
- プライス・テイカー（価格受容者） … 15, 60, 99, 106
- プライス・メイカー（価格設定者） … 60
- フリーライダー … 121, 123, 125
- フロー … 160
- 分業 … 2
- 平均可変費用 … 52, 104
- 平均固定費用 … 52
- 平均収入 … 100
- 平均消費性向 … 140
- 平均費用 … 52, 95, 96, 97, 98, 100, 103, 104
- ベースマネー（マネタリー・ベース） … 202
- 変動費用 … 92, 93, 94
- 法定準備預金 … 202
- 法定準備率 … 202, 205, 209

他の条件が一定 ……………… 34, 46
補完財 ……………………………… 34

===== ま =====

マーシャル的調整過程 ……… 25, 71
マーシャルの k ………………… 142
埋没費用 …………………………… 126
マネーサプライ（貨幣供給）
……………………… 146, 201, 208
マネーストック ……………… 200, 204
マネタリーベース（ベースマネー）
………………………………… 202, 204
民間最終消費支出 ……………… 172
民需 ………………………………… 172
無差別曲線（Indifference Curve）
……………………………………… 28, 81
名目 GDP ……………………… 163, 171

===== や =====

有効需要 ……………………… 139, 143
有効需要の原理 …… 10, 137, 138, 143, 178

輸出 ………………………………… 159
輸入 ………………………………… 159
預金通貨 ……………………… 200, 201
予算制約線 ………………………… 83
余剰分析 ……………………………… 56
予備的動機 ………………………… 141

===== ら =====

ラムゼイのルール ……………… 68, 69
利子 ………………………………… 141
利潤 ……………………… 92, 101, 102
利子率 ………………………… 205, 206
流動性 ……………………………… 141
流動性選好説 ……… 141, 143, 144, 147
流動性トラップ（流動性の罠） … 147, 217
累進課税 …………………………… 135
労働市場 ……………………… 157, 157
労働の限界生産力 ……………… 157

===== わ =====

ワルラス的調整過程 …………… 25, 70

■執筆者紹介

小淵　洋一（おぶち　よういち）　　　　　　　　編集　はしがき，序章，第1章，第8章

1942年群馬県生まれ。
明治大学大学院政治経済研究科博士課程単位取得。城西大学経済学部教授，現代政策学部教授を経て，現代政策学部客員教授。

大水　善寛（おおみず　よしひろ）　　　　　　　　編集　第2章，第3章

1949年北海道生まれ。
九州産業大学大学院経済学研究科博士後期課程修了。博士（経済学）。城西大学経済学部教授を経て，経済学部客員教授。

栁下　正和（やなぎした　まさかず）　　　　　　　　第4章，第5章，第12章

1969年生まれ。
中央大学大学院経済学研究科博士後期課程単位取得。城西大学経営学部准教授を経て，城西大学経営学部教授。

江良　亮（えら　あきら）　　　　　　　　　　　　第6章，第10章，第13章

1971年生まれ。
早稲田大学大学院社会科学研究科博士課程単位取得。博士（学術）。城西大学経済学部准教授。

庭田　文近（にわた　ふみちか）　　　　　　　　　　第7章，第11章，第14章

1971年生まれ。
立正大学大学院経済学研究科経済学専攻博士後期課程修了。博士（経済学）。城西大学現代政策学部助教を経て，現代政策学部准教授。

川端　実美（かわばた　じつみ）　　　　　　　　　　　　　　　　　　第9章

1951年生まれ。
長崎県立国際経済大学（現長崎県立大学）経済学部卒業。第一経済大学，日本経済大学教授を経て，兼任教授。

コンテンポラリー　経済学入門	
2017年4月20日　第1版第1刷発行	
2025年6月15日　第1版第6刷発行	
編著者	小　淵　洋　一
	大　水　善　寛
発行者	山　本　　　継
発行所	㈱中　央　経　済　社
発売元	㈱中央経済グループ
	パブリッシング

〒101-0051　東京都千代田区神田神保町1-35
電話　03 (3293) 3371（編集代表）
　　　03 (3293) 3381（営業代表）
https://www.chuokeizai.co.jp
製版／文唱堂印刷㈱
印刷・製本／㈱デジタルパブリッシングサービス

© 2017
Printed in Japan

＊頁の「欠落」や「順序違い」などがありましたらお取り替えいたしますので発売元までご送付ください。（送料小社負担）

ISBN978-4-502-21881-1　C3033

JCOPY〈出版者著作権管理機構委託出版物〉本書を無断で複写複製（コピー）することは、著作権法上の例外を除き、禁じられています。本書をコピーされる場合は事前に出版者著作権管理機構（JCOPY）の許諾を受けてください。
JCOPY〈http://www.jcopy.or.jp　eメール：info@jcopy.or.jp〉

ベーシック＋プラス
Basic Plus

 ミクロ経済学の基礎
 マクロ経済学の基礎
 経営学入門
 経営管理論

 財政学
 公共経済学
 企業統治論
 技術経営

 金融論
 金融政策
 人的資源管理
 国際人的資源管理

 日本経済論
 地域政策
 消費者行動論
 物流論

いま新しい時代を切り開く基礎力と応用力を兼ね備えた人材が求められています。
このシリーズは，各学問分野の基本的な知識や標準的な考え方を学ぶことにプラスして，一人ひとりが主体的に思考し，行動できるような「学び」をサポートしています。

中央経済社

Let's START！
学びにプラス！成長にプラス！ベーシック＋ではじめよう！